中島 恵
NAKAJIMA MEGUMI

ディズニーの労働問題

「夢と魔法の王国」の光と影

三恵社

＜目次＞

はじめに・・・3

第1章　世界のテーマパーク業界の動向・・・・・・・・・・・・・・・・・・・・・・・・・・・・・12

第I部　キャストの育成方法

第2章　東京ディズニーリゾートのホスピタリティ教育・・・・・・・・・・・・・・・・・・32
　　　　　−よく働くアルバイトの育成方法−

短　編　「キャストの世界観」とは・・・・・・・・・・・・・・・・・・・・・・・・・・・・・・・・60

第3章　東京ディズニーランド初期のアルバイト人材の質　−人材の質の変化−・・・64

短　編　TDR のキャストに採用されやすい人材の特徴・・・・・・・・・・・・・・・・・・75

第II部　海外編

第4章　ディズニー社のレイオフとストライキ・・・・・・・・・・・・・・・・・・・・・・・・78
　　−二大経営者ウォルト・ディズニーとマイケル・アイズナーの思想比較−

第5章　ディズニーランド・パリの経営不振と人員削減・・・・・・・・・・・・・・・・・・98
　　　　　−ユーロディズニー S.C.A. の労働組合の動向−

短　編　ハリウッドでの解雇劇・・・・・・・・・・・・・・・・・・・・・・・・・・・・・・・・・・106

短　編　ディズニー社の給料と労働意識改革・・・・・・・・・・・・・・・・・・・・・・・・109

第III部　国内編

短　編　「夢と魔法の王国」の御用組合−オリエンタルランドの労働組合−・・・・113

第6章　オリエンタルランドの非正規雇用問題・・・・・・・・・・・・・・・・・・・・・・・117

短　編　偽装請負とは何か・・・・・・・・・・・・・・・・・・・・・・・・・・・・・・・・・・・・・127

第7章　オリエンタルランド・ユニオンの功績1　−非正規雇用問題改善中−・・・128

第8章　オリエンタルランド・ユニオンの功績2　−解雇からの復職−・・・・・・・・141

短　編　東京ディズニーリゾートの顧客満足度ランキング推移・・・・・・・・・・・・・151

第9章　オリエンタルランドの労働組合 OFS の特徴・・・・・・・・・・・・・・・・・・・155
　　　　　−社員親睦会を前身とする御用組合−

終　章　ディズニーの光と影・・・・・・・・・・・・・・・・・・・・・・・・・・・・・・・・・・・172

はじめに

　東京ディズニーリゾート（TDR）は 1983 年開業以降テーマパーク産業、観光産業、サービス産業、エンターテイメント産業、ショービジネスなどで数々の偉業を成し遂げてきた。バブル崩壊以降も入場者数、売上高、利益ともに右肩上がりの成長を遂げてきた。TDR を経営するオリエンタルランドは大学生の人気就職先ランキングで上位に来る企業となった。オリエンタルランドで働きたい人が多く、オリエンタルランドはいい人材を獲得しやすい。

　ディズニーランドの 1 号店は 1955 年 7 月にアメリカ・カリフォルニア州アナハイムにオープンした。これは生前のウォルト・ディズニーが人生を賭けて芸術的アイディアを具現化した最高傑作であった。ウォルトはもともとアニメ映画監督であったため、舞台上と舞台裏の明確な区別をつけるようにした。顧客の目に見えるところを「オンステージ」、顧客の目に見えないところを「バックステージ」と呼ぶ。生前ウォルトは好んで「ディズニー・マジック」とう言葉を使った。そのため経営努力を感じさせず、魔法で利益を上げているイメージの企業となった。しかしそのような魔法は無い。ウォルトはじめ生きた人間が試行錯誤しながらここまで育て上げてきた。

　1958 年にオリエンタルランドの創業社長、川崎千春氏（1903–1991 年）がアメリカ出張中にこのディズニーランド 1 号店に出会い、感銘を受け、絶対に日本に誘致すると心に誓った。川崎氏は事業よりも夢やロマンを追い求める経営者であった。この川崎氏は当時京成電鉄の社長であった。1960 年に設立されたオリエンタルランドは、23 年の地道な苦労を経て 1983 年 4 月に開業し、大成功を収めた。しかしテーマパークは常時追加投資が必要な過酷な産業である。TDR は自然に成功したと思う人がいるので度々驚かされるが、毎年巨額の投資をするために苦労して資金を捻出している。その甲斐あって世界屈指のテーマパークとなった（第 1 章）。そのせいか人件費が売上の割に潤沢でないようである（後述）。

　「夢と魔法の王国」ディズニーランドも、働くとなると夢でも魔法でも無く現実の労働である。「ディズニー・マジック」という言葉で粉飾しているだけである。

　TDR の主役はミッキーマウスである。しかしミッキーマウスの中に入っている人は請負労働者と発覚した。偽装請負の疑いが出たため、直接雇用または派遣になった。ミッキーマウス以外のキャラクターの雇用形態も同じである（第Ⅲ部）。

キャストと呼ばれるアルバイト達もTDRの主役のような存在である。キャスト達は笑顔で楽しそうに働く。キャストをアルバイトとして雇用できることがTDRの持続的競争優位の一因であった。

しかし2010年代に入ると、キャストという仕事がブラック化しているとインターネットで見かけるようになった。2000年にフルタイマー（週40時間以上労働）の4分の3以上働くアルバイトを雇用保険に加入させなければいけないのに、加入させていなかったことが発覚し、新聞に掲載されたことを思い出した。ディズニーの労働問題が気になって検索していたら、オリエンタルランド・ユニオンという労働組合（労組）の公式Twitte（@OlcUnion）に行き着いた。同ユニオンはTDRの非正規労働者が加入できる労組である。このような労組が結成されたということは、非正規労働者が深刻な労働条件にあるのではないかと思い、調べ始めた。そうしたら思いがけず本一冊分の量になってしまった。ディズニーの労働問題で一冊書く日が来るとは思わなかった。

本書では、「夢と魔法の王国」と呼ばれる華やかなディズニーランドの影の部分である労働問題を考察する。ウォルトがバックステージと呼び、世界中のディズニーランドでそう呼ばせている影の部分を明らかにする。ウォルトが絶対隠すよう指導してきた舞台裏である。光が強い分、影はもっと強いことが分かる。

労働問題はディズニーだけで起こっているのではない。日本のほとんどの産業で非正規雇用者が増加している。特にサービス業で非正規雇用者は増加の一途を辿る。さらに観光業の非正規雇用率は高い。2003年の小泉政権下で日本は観光立国を掲げ、観光立国推進法を制定した。2008年に観光庁が発足した。訪日外国人は右肩上がりの増加を続ける。中国人の爆買いなど、観光の経済効果に日本中が気づいている。都市部のデパートなどで豪快に買い物する外国人がニュースで特集されることが多い。全国でホテル代の高騰などに悩まされている。観光業はさぞかし儲かっているかと思う。ところが、観光業は軒並み低利益で薄利多売である。人件費を低く抑えるしかないようで、低賃金、重労働、長時間労働が常態化している。

本書は今はやりのワーキングプアの人の劣悪な労働と貧窮した生活のレポートではない。どのような経歴の人がワーキングプアに陥り、どのような仕事内容で月に何時間働き、時給いくら、月の手取りいくら、家賃いくら、光熱費いくら、食費いくら、

そのため全然貯金できないのでレベルアップするための投資ができない、という困窮した生活には触れない。貧困ネタブームのようで、アクセス数（PV）稼ぎに貧困ネタを書く人やメディアが多いようである。それはアクセス数の多いサイトに企業が広告を貼るビジネスモデルだからである。本書はそのような記事ではない。

　私は経営学の研究者で、普段はディズニーランドやユニバーサル・スタジオを中心にテーマパークの経営戦略を研究している。本書は学問領域としては経営学である。労働社会学、労働経済学、厚生経済学に立脚していない。

ディズニーの光

　次のようなきっかけで本書の執筆を思い立った。

　私は2004年にTDRのアルバイトの人材育成とモティベーション向上策の研究を始め、その後オリエンタルランドとアメリカのディズニー社の経営戦略を研究するようになった。ディズニー社の研究をしていると、同社を含む大手映画製作6社を「ハリウッドビッグ6」と言うことを知った。ハリウッドビッグ6の研究を資料が出る限りするようになった。

　ハリウッドビッグ6のトップマネジメント、トップクラスのプロデューサー、映画監督、エージェント（芸能事務所）の研究をしていると、あまりの華やかさ、煌びやかさ、豪華絢爛さに目が眩んだ。底辺から這い上がってきて頂点に行き、ビバリーヒルズやハリウッドヒルズ周辺に豪邸を構え、執事、メイド、運転手、庭師など使用人を雇い、高級車で出勤し、高級別荘地に別荘を所有し、派手なパーティ三昧で、ヘリコプターを所有する豪華な生活は、アメリカンドリームそのものである。底辺とは多くの場合、アシスタントという名目で雇われて、実際は使いっ走り、奴隷働きである。ウォルト・ディズニーも貧しい家に生まれ、高校中退という学歴で、自力でアニメ映画の研究を重ね、会社を興すも倒産し、オズワルド（ウサギのキャラクター）の著作権をユニバーサル・ピクチャーズに奪われながらもあきらめずに這い上がってきた。彼ら成功者の友人は似たような経営者、プロデューサー、監督、役者である。ハリウッドが本当に売っているものは夢と憧れと知り、納得した。私もハリウッドに強く憧れるようになった。ハリウッド（映画部門）だけではなく、ディズニー社ではテーマパーク事業の業績が突出している（第1章）。これらがディズニー社の光の部分である。

日本を見ると、オリエンタルランドが大健闘している。楽しそうに笑顔で働くキャストの育成がサービス業で注目されている。1983 年の TDL 開業以降、オリエンタルランドは右肩上がりの成長を続けている。バブル崩壊後の不況期にもずっと追加投資と成長を続けてきた。その投資費用を捻出する努力をしてきたのであって、自然に資金があったのではないと強く念を押したい。TDR は自然に成功した、自然に投資費用があったと言う人が多いので愕然とする。TDR の光が強すぎて、苦労しているように見えないようである。

ディズニーの影
　そして強く華やかな光の中、影が濃いことに気づいた。TDR のアルバイトがブラック化しているとネット上で多く見かけるようになったからである。2013 年 11 月に私のブログに「『夢と魔法の王国』の御用組合−オリエンタルランドの労働組合」（http://ameblo.jp/nakajima-themepark-labo/entry-11702273841.html）という記事を書いたらとてもアクセス数が多くて驚いた。TDR の労組や労働問題に関心ある人が多いようである。検索していると、オリエンタルランド・ユニオンという非正規従業員のための労組が出てきた。インタビュー調査に行くと、アルバイト契約時よりも短時間勤務なので生活できない、ショーのリニューアルで出演者が雇止めにあった、仕事中の怪我に労災を申請しないよう圧力をかけたなど、ショッキングなことがたくさん出てきた（第Ⅲ部）。それで本書を執筆しようと思った。2017 年 3 月にブログに「オリエンタルランド労働組合の特徴 −社員親睦会を前身とする御用組合−」（http://ameblo.jp/nakajima-themepark-labo/entry-12252326388.html）を書いたらこれもまたアクセス数が多くて驚いている。オリエンタルランドの労働問題に関心のある人が多いようである。

本書の構成
　本書は三部構成である。最初に世界のテーマパーク市場におけるディズニーランドの実力を示す。ディズニーのテーマパークが世界市場を席巻していることが分かる。第Ⅰ部で TDR のよく働くアルバイトの育成方法、モティベーション向上策、精神面の人生育成を考察する。キャスト達が形成しているホスピタリティの強い世界観「キャストの世界観」について説明する。第Ⅱ部ではアメリカのディズニー社でのレイオフとストライキ、給与改革、フランスのディズニーランドでの経営不振と人員

削減を考察する。第Ⅲ部では TDR の非正規雇用問題とそれを改善するために奮闘するオリエンタルランド・ユニオンの功績、オリエンタルランドの正社員対象の労組 OFS について考察する。

　本書は各章完結型である。私の本は個別のテーマパーク情報を得るために読む人が多いことが様々な大学の先生より伝えられている。各章完結型にし、ある一章だけ読んでも理解できるようにした。できるだけ同じことを重複して複数章に書かない工夫をしている。

　第 1 章では世界のテーマパーク業界の動向を考察する。ディズニーランドが世界市場、といっても日米市場を席巻していることが分かる。世界一の大規模優良テーマパークは日米のディズニーランドで、それをユニバーサル・スタジオが追随している。テーマパーク業界の世界一の先進国はアメリカ、二位の先進国は日本である。日米以外ではフランスと中国が奮闘している。

　第 2 章では、TDR のよく働くアルバイトの育成方法を考察する。これは私が修士論文のテーマに選んで必死に研究したことである。久しぶりに修士論文を熟読し、当時の稚拙さと稚拙なりの努力がひしひし伝わってきて、恥ずかしくもあり辛くもあり懐かしくもある。これは 2004 年に書き、2005 年 3 月発行の作品である。2000 年代半ばは TDR の人材育成とモティベーション向上策が極めてうまく行っていた時期である。当時キャストと呼ばれるアルバイトの大半が「ディズニーが好きだから」という理由で働いていた。本章では特にその時代を中心に述べる。

　第 3 章では、東京ディズニーランド（TDL）初期に大学生で、キャストとしてアルバイトしていた D 氏へのインタビュー調査を行った。終身雇用時代のアルバイトはそこまで人材育成しなくてもよく働く人種だったこと、アルバイトする若年労働者の質が変化したことを考察する。開業期にアルバイトだった D 氏（昭和 30 年代生まれ）から、昔は今のような教育をしていなかったけど、バイトでも働くからには責任もって働いていた、今の若者がしっかり育成しないといけないように変わったと言われアルバイト人材の質が変化したことに初めて気づいた。第 2 章にあるような全社を挙げての人材育成は当時まだ無かったけど、それでもアルバイトはよく働いていたと言う。

　第 4 章では、ディズニー社のレイオフとストライキの歴史を二大経営者ウォルト・ディズニーとマイケル・アイズナーの思想比較を元に考察する。創業者ウォルトは強い顧客志向、ホスピタリティ志向である。中興の祖アイズナーは強い株主志向、ウォ

ールストリート志向である。株主への貢献を強く意識し、業績と株価向上に励んでいた。1923 年設立の同社は 100 年近い歴史のほとんどを彼ら二大支配者に支配されてきた。両者共に従業員満足の意識が弱い。ウォルトは従業員にストライキされ困り果て、レッドパージ（ストライキを潰すこと）に資金提供していた。レイオフ（一時解雇）はアメリカの労働法では合法なので業績不振の時はたびたび行われている。

第 5 章では、ディズニーランド・パリの経営不振と人員削減を現地企業の労働組合の動向をもとに考察する。ディズニーランド・パリは 1992 年の開業当初から経営不振である。1983 年開業の TDL 大成功で自信を強めたディズニー社はヨーロッパに進出したが、予想外の経営不振で人員削減を余儀なくされた。

第 6 章では、2000 年代初頭に初めて報道されたキャストの年金加入漏れ問題を皮切りに、たびたび報道されてきた TDR の非正規雇用問題を考察する。雇止めにあった非正規従業員たちがオリエンタルランド・ユニオンという非正規従業員のための労組を結成した。同ユニオンにインタビュー調査に行く前に入手できた資料のみで書いた概論である。

第 7 章では、非正規従業員のための労組、オリエンタルランド・ユニオンが TDR の非正規雇用問題を改善してきた経緯と内容を示す。委員長、書記長、支部長に対するインタビュー調査でどのような問題をどう解決してきたのか明らかにする。

第 8 章でも同じく同ユニオンの活躍の結果として、解雇にあった非正規従業員が復職できた経緯を考察する。非正規従業員（E 氏）は身に覚えのない勤務態度の悪さを理由に解雇を通告された。E 氏が同ユニオンに駆け込み、オリエンタルランドに交渉してもらい、解雇撤回を勝ち取り、その後どうなったか明らかにする。

第 9 章では、オリエンタルランドの正社員対象の労組 OFS（オフス：オリエンタルランド・フレンドシップ・ソサイエティ）の特徴とこれまでの活動を考察する。1987 年に発足された OFS は連合からお洒落で明るい若い労組として期待されていた。1987 年はバブルの一因とされるリゾート法が施行された年である。日本経済が急速に加熱し始めた。OFS は春闘、闘争、書記長、委員長など従来の用語を使わず、旗などを作らず明るい雰囲気にして、若者の組合離れを防ごうとした。

終章は、まとめと提言である。

本書の貢献は、これまでほとんど行われなかったエンターテイメント産業、アミューズメント産業での労働問題や労組の研究を行ったことである。今後どういう展開

になるのか調査を続ける。本書の限界はここまでしか資料を入手できず、まだまだ不明な事項が多いことである。企業が隠す事柄なので資料の入手は難航する。

ウォルト・ディズニーとマイケル・アイズナーへのオマージュ

　ディズニーの労働問題を研究しているので誤解されるかも知れないが、私はウォルト・ディズニーとマイケル・アイズナーの熱狂的なファンである。ウォルトとアイズナーの凄さ、偉大さ、仕事への情熱、集中力、能力の高さ、創造性、独自性、新規開拓性を知るにつれて、研究対象である両氏に熱狂し始めた。研究対象に熱狂する研究者がいることは知っていたが、まさか私もその一人になるとは思わなかった。スティーブ・ジョブズもサムスンもソニーに熱狂していたらしい。当時その気持ちは分からなかったが、今では研究対象が魅力的なほど魅せられて憧れて熱狂する気持ちが分かるようになった。

　手塚治虫氏は自ら「ディズニー狂い」というほどディズニーファンであった。ディズニーのようなアニメを作りたいと若き日の藤子不二雄の両氏に熱く語っていた。漫画家の手塚氏がディズニーに熱狂するとディズニーのようなアニメを作りたいと思い、研究者の私がディズニーに熱狂するとこのような研究をしたいと思う。

　ウォルトはアニメーターでアニメ映画プロデューサー、アイズナーは実写映画プロデューサーでディズニー社の経営者、手塚治虫氏は漫画家なので、三氏とも創造性、独自性を持って新規開拓していく専門職である。研究職も創造性、独自性を持って新規開拓していく専門職である。研究職に就いてからの私はそれらの能力の高い人に惹かれ憧れるようになった。

　本書はディズニーに熱狂しなければこれだけ調べることに耐えられないこと、これだけ長く情熱が続かないことを如実に物語っている。だからこそ雇用悪化でブランド力やイメージを低下させてほしくない。ウォルトが人生を賭けて築き上げてきたブランド力である。

　ウォルト・ディズニーがいなかったらディズニーランドが無く、マイケル・アイズナーがいなかったらディズニー社はここまで巨大企業に成長していなかった。両氏がいなかったら私は何を研究していたのだろう。他のことを研究して研究者としてものになったのか。研究に燃えない私は魅力ある研究者ではない。それ以前に研究職に就けたのだろうか。研究職に就けなかったら今頃どこで何をしていたのか想像できない。両氏は私を導いてくれた。そう考えると TDL を成功させた川崎千春氏、江

戸英雄氏、高橋政知氏にも感謝を捧げる。日本の TDL のおかげで私はディズニーに
強い関心を持つようになった。

謝辞

　本書は私の 9 冊目の単著となった。2011 年に 1 冊目を発行してから約 6 年が経過
した。お陰様で私の研究能力も上がってきている。これからもテーマパーク研究に突
き進みたい。

　このたび私が労働問題で一冊書くことができたのは大学院博士課程の時に労働関
連の授業に多く出たから、そして労働研究の先生や院生が近くに大勢いたからであ
る。知らない人は企業の中で起こっていることは全て経営学の範囲だと思うが、労働
者の問題は労働経済学や労働社会学である。経営学は資本主義に立脚し、労働経済学
や労働社会学は社会主義に立脚する。そのため労働問題を取り上げる人は、以前は社
会主義、共産主義、左派の人が大半を占めていた。しかし 2010 年代に入るとブラッ
ク企業、ブラックバイトという言葉が浸透し、労働者個人の責任だけではないとの認
識が左派以外の人にも広まっている。

　2004 年に TDR の研究を始めた時には 2017 年になって労働問題の本を出版する
とは思わなかった。労働問題に関する資料を集めてきたわけではないのに、これだけ
集まってしまった。労働研究の院生や先生のおかげで私はなんとかこの本を書ける
ようになった。とても感謝している。

　第 2 章は私の修士論文を大幅な書き直しである。まさか修士論文がこのような用
途で復活するとは思わなかった。稚拙ながら必死だった院生時代が蘇ってくる。修士
課程の頃の関心は、TDR のキャストはアルバイトなのになぜ高コミットメントなの
か、彼らはどのように育成されているのかであった。経営学をしっかり勉強したこと
がある人なら分かるが、経営学はディズニーランドのような企業の研究をする学問
ではない。伝統ある堅い製造業、特に自動車、電機、鉄鋼の研究を中心に発展してき
た。男性研究者が圧倒的に多かいためか、ディズニーランドの研究を本気でしようと
する人はいなかった。本気でディズニーランドの研究をしようとする人の一人目が
私のようである。なんとかここまでひたすら一人で開拓してきた。まだまだ未開拓分
野なのでこれからも必死で開拓したい。未開拓な上に速いペースで新しい事象が生
じる。目が離せない分野となった。

経営学におけるディズニー研究は「亜流だね」「邪道だね」「それじゃ就職できないよ」「将来は専業主婦だねアハアハ（笑）」と馬鹿にされ続けたが、なぜか面の皮の厚い私は気にしつつもディズニー研究をやめる気にならなかった。しかしその頃から既に労働経済学や労働社会学の研究者からディズニーの労働問題研究は高評価を得ていた。彼らに面白い、興味深いと言われて随分励まされた。いい研究仲間に恵まれて私は本当に幸せである。

　2000年代半ばになると観光学部や観光学科が急増し、観光学の学会がたくさん新設されることとなった。観光系の学会に参加すると初めてディズニー研究は邪道と言われなくなった。ところが今度は経営学を踏まえない人ばかりなので別のやりにくさが生じた。前途多難ながらも私はなぜか研究に駆り立てられる。研究は乗っているときが一番楽しく嬉しく幸せで、ワクワク興奮する。私はこのために生まれてきたと感じる。この研究に出会えて本当に幸せである。私はこの研究に生き甲斐を得た。ウォルトはアニメ映画の制作と配給、そしてディズニーランドの企画立案、資金調達、人材獲得、用地買収、アトラクション開発、販売促進などに人生を賭けていた。このために生まれてきたという強い生き甲斐と使命感を感じていただろう。私はその研究に生き甲斐と使命感を感じている。

　インタビュー調査に協力して下さった皆様、特にオリエンタルランド・ユニオンの鴨桃代様、中園丈晴様、浜元盛博様、E様、ありがとうございました。旬報社の『労働法律旬報』古賀一志編集長、2回の掲載のありがとうございました。

　最後に、私が研究に打ち込めるのは私を支えてくれる家族のおかげである。一生感謝と愛情を捧げる。

第1章 世界テーマパーク市場におけるディズニーランド

1. はじめに

ディズニーの労働問題の前に、世界テーマパーク市場でどれだけディズニーランドが健闘しているのか見てみよう。

本章では、世界テーマパーク市場におけるディズニーランドの存在の大きさを考察する。これを読めば、日本の東京ディズニーランド（TDL）と東京ディズニーシー（TDS）がどれだけ健闘しているか分かる。合わせて、米ウォルト・ディズニー社とオリエンタルランドの概要および社史をまとめる。

世界に12あるディズニーランド（他の名称であるがディズニーのテーマパークを含む：例えばディズニー・ハリウッド・スタジオ、ディズニー・アニマルキングダム等）は入場者数で世界ランキング25位以内にほとんどランクインする集客力がある。そのデータを収集しているのはアメリカの調査機関TEA（Themed Entertainment Association）とAECOMである。両社は活発にテーマパーク関連情報を調査している。AECOMとTEAの2011年と2015年「Theme Index: Global Attraction Attendance Report」から、世界のテーマパーク入場者数とその動向を簡単に示す。前著（2013）で同調査を詳細に考察したため、ここでは特に重要な部分のみとする。

同報告書に含まれる施設は、入場料を支払う施設のみである。入場料無料の施設は含まれない。つまり入場料無料で乗り物ごとに課金するテーマパークは含まれない。同報告書は各テーマパークの入場者数を公表しているが、売上高、営業利益などを公表していない。これらの財務データの収集はこのような大手調査会社であっても至難の業のようである。日本の上場企業に課せられる有価証券報告書のように、詳細な財務データの公表義務の無い国であれば、そのような情報を公開する義務は無い。日本と諸外国で企業経営に関わる法律が異なる。入場者数すら非公表のテーマパークが多い。そのためテーマパーク研究は難航する。業界全体の平均的な利益率なども計算できない。

2. 世界テーマパーク市場における TDR

表1は2015年世界主要10テーマパークグループの入場者数の合計である。1位のウォルト・ディズニー・アトラクションズはディズニー社の子会社でテーマパーク部門を担当する。2位のマーリン・エンターテイメント・グループはレゴランドなど

中小のテーマパークをヨーロッパ中心に経営している。3位のユニバーサル・スタジオ・レクレーション・グループは世界のユニバーサル・スタジオを経営するコムキャストNBCユニバーサル社のテーマパーク部門である。ディズニーグループの年間入場者数は2位のマーリンの2倍以上、3位のユニバーサル・スタジオの3.5倍程度である。

　表2は世界のテーマパーク入場数ランキングである。2011年と2015年のランキングで若干変動はあるものの、上位4位はほぼ変わらない。1位はフロリダ州オーランドのディズニー・ワールドのマジックキングダム、2位はカリフォルニア州アナハイムのディズニーランドかTDL、4位が東京ディズニーシーである。1位、2位、3位は日本のTDLとほとんど同じ内容である。アメリカの初代ディズニーランドこそウォルト・ディズニーが人生を賭けて築き上げたテーマパーク界の最高傑作である。上位10位のうち8がディズニーのテーマパークである。そこにユニバーサル・スタジオが食い込んできて、それ以外に日本勢と韓国勢と入っている。

　フォーブスの「ブランド価値ランキング2016」（表3）でも8位、ブランド価値395億円である[1]。ディズニー社は世界を代表する巨大優良企業である。

---

[1] Forbs Japan「ブランド価値ランキング2016」2017年5月18日アクセス
https://forbesjapan.com/articles/detail/12117

表 1 : 2015 年世界主要 10 テーマパークグループの入場者数（単位：人）

	企業グループ	本　社	主要パーク	入場者数
1	ウォルト・ディズニー・アトラクションズ	米カリフォルニア州バーバンク	世界のディズニーランド	137,902,000
2	マーリン・エンターテイメント・グループ	英プール	欧州中心に中小パーク多数	62,900,000
3	ユニバーサル・スタジオ・リクレーション・グループ	米フロリダ州オーランド	世界のユニバーサル・スタジオ	44,884,000
4	OCT パークス・チャイナ（華僑城）	中国・深圳	都市開発とテーマパーク	30,180,000
5	シックス・フラッグズ・エンターテイメント	米テキサス州グランドプレーリー	絶叫マシン系パーク多数	28,557,000
6	セダー・フェア・エンターテイメント・グループ	米オハイオ州サンダスキー	ナッツベリーファーム等米国に中小パーク多数	24,448,000
7	Chimilong Group（長隆集団）	中国・広州	中国で観光開発	22,338,000
8	FANTAWILD	中国・重慶	中国に中小パーク多数	23,093,000
9	シーワールドパークス＆エンターテイメント	米フロリダ州オーランド	米国の海のテーマパーク	22,471,000
10	SongCheng（宋城）Worldwide	中国・杭州	中国で文化、観光、ショービジネス	22,338,000
	合計			420,360,000

出典：2015 年「Theme Index: Global Attraction Attendance Report」p.9 の表に加筆修正　2016 年 12 月 10 日アクセス

http://www.teaconnect.org/Resources/Theme-Index/

表 2：2011 年および 2015 年世界トップ 20 テーマパーク（単位：人）

	テーマパーク	立　地	備　考	2011 年入場者数	2015 年入場者数
1	マジックキングダム	米フロリダ州レイクブエナビスタ	ウォルト・ディズニー・ワールド第1パーク	17,142,000	①20,492,000
2	ディズニーランド	米カリフォルニア州アナハイム	世界初のディズニーランド	16,140,000	②18,278,000
3	東京ディズニーランド	日本・千葉		13,996,000	③16,600,000
4	東京ディズニーシー	日本・千葉		11,930,000	⑤13,600,000
5	ディズニーランド・パリ	仏マヌル・ラ・ヴァレ	パリ第1パーク	10,990,000	⑨10,360,000
6	エプコット	米フロリダ州レイクブエナビスタ	ウォルト・ディズニー・ワールド第2パーク	10,825,000	⑥11,798,000
7	ディズニー・アニマルキングダム	米フロリダ州レイクブエナビスタ	ウォルト・ディズニー・ワールド第4パーク	9,783,000	⑦10,402,000
8	ディズニー・ハリウッド・スタジオ	米フロリダ州レイクブエナビスタ	ウォルト・ディズニー・ワールド第3パーク	9,699,000	⑧10,312,000
9	ユニバーサル・スタジオ・ジャパン	日本・大阪	米コムキャストに買収された	8,500,000	④13,900,000
10	アイランド・オブ・アドベンチャー	米フロリダ州オーランド	ユニバーサル・オーランド第2パーク	7,674,000	⑫8,792,000
11	ロッテワールド	韓国ソウル	ロッテグループ	7,580,000	⑯7,310,000
12	香港海洋公園	香港	香港1の人気パーク	6,955,000	⑮7,378,000

13	サムスン・エバーランド	韓国京畿道	サムスングループ	6,570,000	⑭7,423,000
14	ディズニー・カリフォルニア・アドベンチャー	米カリフォルニア州アナハイム	アナハイム第2パーク	6,341,000	⑪9,383,000
15	ユニバーサル・スタジオ・フロリダ	米フロリダ州オーランド	ユニバーサル・オーランド第1パーク	6,044,000	⑩9,585,000
16	香港ディズニーランド	香港	香港2位の人気パーク	5,900,000	⑲6,800,000
17	ナガシマスパーランド	日本・三重	絶叫マシンで集客	5,820,000	⑳5,870,000
18	シーワールド・フロリダ	米フロリダ州オーランド		5,202,000	㉒4,777,000
19	ユニバーサル・スタジオ・ハリウッド	米カリフォルニア州ユニバーサルシティ	世界初のユニバーサル・スタジオ	5,141,000	⑱7,097,000
20	ウォルト・ディズニー・スタジオ	仏マヌル・ラ・ヴァレ	パリ第2パーク	4,710,000	㉕4,260,000

出典：

・2011年「Theme Index: Global Attraction Attendance Report[2]」の pp.12-13 の表に加筆

・2015年「Theme Index: Global Attraction Attendance Report[3]」の pp.12-13 の表に加筆

＊この表の左端の数値は 2011 年のランキングである。

＊2015 年入場者数の数字の前の〇内の数値は、2015 年のランキングである。

＊仏ウォルト・ディズニー・スタジオのみ 2014 年順位。2015 年はランク外のため。

---

[2] AECOM HP「WHAT WE DO」「Economics」2013 年 1 月 12 日アクセス
http://www.aecom.com/deployedfiles/Internet/Capabilities/Economics/_documents/Theme%20Index%202011.pdf
[3] TEA「2015 Theme Index」2016 年 12 月 8 日アクセス
http://www.teaconnect.org/Resources/Theme-Index/

表 3：フォーブスのブランド価値ランキング 2016

	社名	日本名	ブランド価値	前年比
1	Apple	アップル	1,541 億ドル	6%
2	Google	グーグル	825 億ドル	26%
3	Microsoft	マイクロソフト	752 億ドル	9%
4	Coca-Cola	コカコーラ	585 億ドル	4%
5	Facebook	Facebook	526 億ドル	44%
6	TOYOTA	トヨタ自動車	421 億ドル	11%
7	IBM	IBM	414 億ドル	-17%
8	**Disney**	**ディズニー**	**395 億ドル**	**14%**
9	McDonald's	マクドナルド	391 億ドル	-1%
10	GE	ゼネラル・エレクトリック	367 億ドル	-2%
11	Sumsung	サムスン	361 億ドル	-5%
12	Amazon.com	アマゾン	352 億ドル	25%
13	AT&T	AT&T	326 億ドル	12%
14	BMW	BMW	288 億ドル	4%
15	Cisco	シスコ	284 億ドル	3%
16	Oracle	オラクル	280 億ドル	4%
17	Intel	インテル	277 億ドル	7%
18	Nike	ナイキ	275 億ドル	5%
19	Louis Vuitton	ルイ・ヴィトン	273 億ドル	−3%
20	Mercedes-Benz	メルセデス・ベンツ	260 億ドル	16%

出典：Forbs Japan「ブランド価値ランキング 2016」2017 年 5 月 18 日アクセス
https://forbesjapan.com/articles/detail/12117

　ここから次のことが分かる。第 1 に世界主要テーマパーク市場は、アメリカが先進国で、日本が第二の先進国、それ以外は韓国勢と中国勢が続く。日米のディズニーリゾートとユニバーサル・スタジオほど突出したテーマパークはまだ他に無い。二強であるが、1 位と 2 位の差が大きい。日本の自動車産業に例えると、トヨタ自動車と日産ではなく、トヨタ自動車と三菱自動車くらいの規模の比率となる。スペインのサ

ッカーリーグ、リーガエスパニョーラなら、レアル・マドリードとアトレティコ・マドリードくらいの差がある。アトレティコ・マドリードはスペイン人なら皆知っているが、日本人知名度は低い。日本の USJ のここ数年の追い上げは凄まじい勢いである。アメリカ 2 箇所とシンガポールのユニバーサル・スタジオがもっと成長すれば、トヨタ自動車に対する三菱自動車ではなく、もっと 1 位に迫る規模になる。

　また人口比で考えると、韓国のロッテワールドとエバーランドは高い集客力といえる。全体的に、テーマパーク先進国である日米をアジア市場が猛追している構図である。新興国ではテーマパーク開業ラッシュである。国民の所得増加、富裕層と中間層増加によって、テーマパーク費用を捻出できる国民の絶対数が増加していることが背景にある。中国ではテーマパークの供給過剰感が否めない。テーマパークの供給が増えるものの需要は増えているのだろうか。中国は財務を公表しない企業が多い。中国のテーマパーク設立ラッシュは日本のテーマパーク設立ブーム期に似ている。観光開発ブームに乗って立派で高額なハードを造るだけでは生き残れない。新興国市場でも今後淘汰が進むだろう。

　第 2 にアメリカのテーマパーク隆盛について次のように考えられる。アメリカのテーマパーク産業はディズニーランドとの戦いで実力をつけてきたため、世界市場で突出している。その点で日本市場と同じである。日本のテーマパーク産業は東京ディズニーリゾート（TDR）との戦いの中で力をつけてきた。またアメリカ人もディズニーランドの魅力でテーマパーク好きになった国民性で、それによって他のテーマパークにも盛んに行くようになったのではないか。アメリカ市場も、ディズニーランドの魅力がテーマパーク市場全体をより魅力的にしている。日本市場では、TDRが日本人をテーマパーク好きな国民性にし、TDR 以外のテーマパークにも行く消費動向を生み出したと前著（2012）で明らかにした。

3．ウォルト・ディズニー・カンパニーの概要

　ウォルト・ディズニー・カンパニー（以降ディズニー社）は子会社と支社を含んで次の主要 5 部門を擁する。高度な多角化と国際展開でファミリー・エンターテイメント産業とメディア産業をリードする巨大コングロマリット企業である。主要 5 部門とは、①メディア・ネットワーク、②パークス＆リゾーツ、③スタジオ・エンター

テイメント、④消費財（ディズニーグッズ製造販売）、⑤インタラクティブ・メディアである[4]。

① メディア・ネットワーク部門

　ディズニー社はメディア・ネットワーク部門で、放送、ケーブル、ラジオ、出版、テレビ局二社であるディズニー／ABC テレビグループと ESPN テレビ局を通してデジタル事業を行っている。加えて、コンテンツ開発と流通機能、デジタルメディア、流通、マーケティング、調査、販売グループを支援している。ディズニー／ABC テレビグループはディズニーグループの国際エンターテイメントとニュース・テレビを有し、テレビ局グループ、ラジオ、出版社を所有している。この部門は ABC テレビ・ネットワーク、ABC 所有テレビ局グループ、ABC エンターテイメント・グループ、ディズニー・チャンネル・ワールドワイドを含む。さらにディズニー／ABC 米国内テレビとディズニー・メディア・ディストリビューションなどの ABC ファミリーも含む。

② パークス＆リゾーツ部門

　ディズニー社のパークス＆リゾーツ部門は、1955 年 7 月 17 日開業のディズニーランド（米カリフォルニア州アナハイム）の歴史とともにある。ウォルト・ディズニーがユニークな観光地を創出し、ストーリーテリングと没入型のイクスペリエンス（体験：ゲストが経験することをイクスペリエンスと呼ぶ）によって、新しい分野のファミリー・エンターテイメント事業になった。55 年以上かけてウォルト・ディズニー・パークス＆リゾーツ（Walt Disney Parks and Resorts：WDP&R）は家族旅行とレジャーで世界をリードする企業へと成長した。毎年数千万人の来場者に家族や友人との思い出を作る機会を提供してきた。WDP&R の心臓部では、5 つの世界規模のバケーションの行き先として 11 のテーマパークと 43 のリゾートが北米、ヨーロッパ、アジアにある。WDP&R はディズニー・クルーズライン（豪華客船）の 4 隻の豪華客船である、ディズニー・マジック、ディズニー・ワンダー、ディズニー・ドリーム、ディズニー・ファンタジーを有する。ディズニー・バケーション・クラブ

---

[4] The Walt Disney Company HP「Company Overview」2013 年 5 月 9 日アクセス
http://thewaltdisneycompany.com/about-disney/company-overview

は 11 の資産と 50 万以上の個人会員を有する。アドベンチャー・バイ・ディズニーは世界中のファミリー・バケーションの行き先を提供している。

③　スタジオ・エンターテイメント部門

　ディズニー社のスタジオ・エンターテイメント部門は 85 年以上の歴史を有する。ウォルト・ディズニー・スタジオは、ディズニー社が設立された基礎となった。現在同スタジオは高品質な映画、音楽、演劇を世界中に提供している。主要映画は「ディズニー」（Disney）という見出しで公開されている。これはウォルト・ディズニー・アニメーション・スタジオとピクサー・アニメーション・スタジオ、ディズニー・ネイチャー、マーベル・スタジオ、タッチストーン・ピクチャーズ、実写のドリームワークス・スタジオの作品をディズニーとして流通している。ディズニー・ミュージック・グループはディズニー・ミュージック出版と同じくウォルト・ディズニー・レコードとハリウッド・レコードの一社である。ディズニー演劇グループはディズニー・オン・ブロードウェイ、ディズニー・オン・アイス、ディズニー・ライブを含むライブイベントを許可する版権事業をしている。

④　消費財（ディズニーグッズ製造）部門

　ディズニー社の消費財部門は、ディズニーブランドを衣服、玩具、家の内装、書籍、雑誌、食品、飲料、文房具、電子グッズ、絵画にまで拡張している。フランチャイズを基盤としたライセンス契約で、戦略的なブランド優先権を持つ以下の企業を通してこれらの製品ラインにまで拡張してきた。そのブランドとは、ディズニー・クラシック・キャラクターズ・アンド・ディズニー・ベイビー、ディズニー・ライブ・アクション・フィルム、ディズニー・メディア・ネットワークス・アンド・ゲームズ、ディズニー・アンド・ピクサー・アニメーション・スタジオ、ディズニー・プリンセス・アンド・ディズニー・フェアリーズ、マーベルである。

　他の事業は、ディズニー国際出版という世界最大の子供向け書籍と雑誌の出版社、米国内のオンラインのディズニーストアとイギリス国内のオンラインのディズニーストア、米ディズニー社の公式ネットショッピングのサイトである。1987 年開業のディズニーストアの小売チェーンは、北米、ヨーロッパ、日本の米ディズニー社の現地法人に運営されている。

⑤ インタラクティブ・メディア部門

　インタラクティブ・メディア部門は 2008 年創業とまだ新しく、技術とイマジネーションの限界を超える製品で子供、家族、ファンを楽しませている。同部門では大ヒットしたモバイル機器、社会的かつ慰労的なゲーム、オンラインのヴァーチャル世界を含む全てのデジタル・メディア・プラットフォームを通して高品質な相互エンターテイメントを創造している。

　このように、ディズニー社は映画とテーマパークを核に高度に多角化された巨大企業である。

(1) ディズニー社の社史

　ディズニー社全体の社史[5]を大まかにまとめる。

　1923 年 10 月 16 日、ウォルト・ディズニー（フルネーム、ウォルター・イライアス・ディズニー：Walter Elias Disney）は M.J.ウィンクラーと「アリス・コメディ」の契約を交わした。この日がディズニー社始まりの日である。最初はディズニー・ブラザーズ・スタジオといった。1927 年 9 月、最初のアニメーション「オズワルド・ザ・ラッキー・ラビット：トローリー・トラブルズ」を公開した。1928 年 11 月、「蒸気船ウィリー」（Steamboat Willie）がニューヨークのコロニー映画館で公開された。これが初期のミッキーマウスのアニメであり、ミニーマウスが最初に登場したアニメである。1930 年 1 月、ミッキーマウスのコミックが発売された。

　1932 年 7 月、最初のフルカラーアニメ「花と木」を公開し、初めてアカデミー賞を受賞した。1934 年 6 月、「かしこいメンドリ」が公開され、ドナルド・ダックが初めて登場した。1935 年 2 月、「ミッキーの大演奏会」が公開され、これがミッキーアニメ初のカラーアニメである。1937 年 12 月、ディズニー初の長編アニメ「白雪姫と七人の小人たち」が公開され、プレミア公演はキャシー・サークル劇場で行われた。

　1939 年 12 月、ディズニー・スタジオはロサンゼルスのヒュペリオン・スタジオからカリフォルニア州バーバンクに移転した。1940 年 4 月、ウォルト・ディズニー・

---

[5] The Walt Disney Company HP「Our History」2013 年 5 月 26 日アクセス
http://thewaltdisneycompany.com/about-disney/disney-history/

プロダクションは最初の株式を発行した。1940年11月、ディズニーは最も評価されている古典アニメの一つ「ファンタジア」を公開した。1949年10月、ウォルト・ディズニー・ミュージック社が設立された。1950年7月、ディズニー初の実写版映画「宝島」が公開された。1953年2月、スコティッシュ原作、J.M.バリー脚本の「ピーターパン」が公開された。1954年10月、ウォルト・ディズニー司会のテレビ番組「ディズニーランド」がABCテレビで放送され、エイミー賞を受賞した。1955年7月、カリフォルニア州アナハイムのディズニーランドが開業した。1955年10月、テレビで「ミッキー・マウス・クラブ」が始まった。1963年6月、初めてオーディオ・アニマトロニクス（Audio-Animatronics®）を使ったアトラクション「魅惑のチキルーム」がディズニーランドにオープンした。1964年8月、ロバート・スティーブンソン監督によるミュージカル映画「メリーポピンズ」が公開された。

1966年12月15日、ウォルト・ディズニーが肺癌で死去、享年65歳。1969年12月、シカゴで「ディズニー・オン・パレード」というディズニーキャラクターを豪華に使った円形劇場ショーが始まった。1971年10月1日、ウォルト・ディズニー・ワールド・リゾート（以降、ディズニー・ワールド）がオープンし、マジックキングダムとフロリダ州オーランド近くの2ホテルが開業した。

1971年12月20日、ウォルトの兄で共同経営者のロイ・オリヴァー・ディズニーが死去した。1975年3月、ディズニー・ワールドという規模な室外のショッピングモールが開業し、後にディズニー・ビレッジ・マーケット・プレイスとなった。

1980年12月、東京近郊の浦安でTDL着工と用地献納式が行われた。1982年10月、ディズニー・ワールド内にエプコット・センター（EPCOT Center）が総工費約10億ドルで開業された。1983年4月、日本で海外初のディズニーランドとなるTDLが開業した。同月、ディズニー・チャンネルが毎日18時間放送されるようになった。ディズニーランドの「ファンタジーランド」が完全に改造されて再オープンした。

1984年9月23日、マイケル・アイズナーがウォルト・ディズニー・プロダクションズの会長兼CEO、フランク・ウェルズが社長兼COOに就任した。1987年3月、フランスにユーロディズニーランドを設立する契約を交わした。後にディズニーランド・パリと改名する。1987年3月、カリフォルニア州グレンデールにディズニーストア一号店が開業した。1987年5月、ディズニーランドでディズニードルが初めて発行された。アメリカのディズニーのテーマパーク内やディズニーストアで紙幣として使用できる。1989年5月、ディズニー・ワールド内にディズニーMGMスタ

ジオ（現ディズニー・ハリウッド・スタジオ）とプレジャー・アイランドがオープンした。

1991年5月、ディズニー社がダウ・ジョーンズ30に選出された。1991年9月、ディズニーの出版社であるヒュペリオン書店は最初の書籍「アメイジング・グレイス」を発行した。1992年4月、ヨーロッパ初のディズニーテーマパークであるユーロディズニーランドが開業した。1994年4月、ディズニー初のブロードウェイ・ミュージカルで「美女と野獣」が公開された。1994年6月、「ライオンキング」がLAとニューヨークで制限された観客で始まり、6月24日から全国公演が始まった。

1994年12月、ディズニー・インタラクティブはカートリッジゲームとCD-ROMソフトウェアを開発し、流通させる計画を立てた。1995年5月、ジーン・オートリーから野球チームのカリフォルニア・エンジェルスの株式25%を購入する契約をした。1995年7月、190億ドルでキャピタル・シティーズ／ABCを買収した。同年9月、ディズニー・オンラインが形成された。これはディズニー・インタラクティブの一分野でディズニー社のオンライン比率を上げるために組織された。1995年10月、ディズニー・チャンネルがイギリスで開始された。

1996年1月、ディズニー社の株主はキャピタル・シティーズ／ABCの買収を許可した。同年2月、FCC（Federal Communication Commission：連邦通信委員会）の最終許可が下り、キャピタル・シティーズ／ABCの買収が完了した。1996年2月、ディズニー・オンラインはディズニー・ドット・コムを開始した。1996年7月、アナハイムに第2パーク「ディズニー・カリフォルニア・アドベンチャー」の計画を発表した。同年11月、24時間音楽集中ラジオ・ネットワークの「ラジオ・ディズニー」を開始した。1997年3月、ディズニー・ワールド内に「ディズニー・ワイド・ワールド・オブ・スポーツ」というプロスポーツ複合施設が開業された。これは後にESPNワイド・ワールド・オブ・スポーツに改名された。1998年4月、ディズニー・ワールド内にディズニー・アニマルキングダムが開業された。同年7月、豪華客船「ディズニー・マジック」が就航を開始した。

1999年3月、ディズニーは「アナハイム・エンジェルス」の買収を完了させた。同年8月、豪華客船「ディズニー・ワンダー」が処女航海に出た。同年9月、ユーロディズニーは第2パーク「ウォルト・ディズニー・スタジオ」の計画を発表した。

2001年2月、アナハイムのディズニーランド・リゾートの第2パーク「ディズニー・カリフォルニア・アドベンチャー」が開業した。同年9月4日、日本のTDRに

第2パーク「東京ディズニーシー」が開業した。同年10月、フォックス・ファミリー・チャンネルを買収し、ABCファミリーと名称変更した。同年11月、ベイビー・アインシュタインを買収した。同社は赤ちゃんに芸術と博愛をもたらす製品を創造している。2001年12月5日、ウォルト・ディズニー生誕100周年記念が開始された。

2002年3月、フランスのディズニーランド・パリの隣に「ウォルト・ディズニー・スタジオ」が開業した。2003年3月、アナハイム・エンジェルスを売却した。2004年3月、「マペッツ」と「ノック！ノック！ようこそベアーハウス」を買収した。2005年6月、WDP&Rは「アドベンチャーズ・バイ・ディズニー」を開始した。同年9月、香港ディズニーランドが開業した。

2005年10月、ロバート・アイガー（Robert A. Iger）がディズニー社の会長兼CEOに就任した。ディズニー社はABCとディズニー・チャンネルのテレビ番組をアップルのiTunesミュージックストアでダウンロードできるライセンスを契約した。2006年2月、ディズニー社はユニバーサル社から「オズワルド・ザ・ラッキー・ラビット」を再買収した。同年3月、「ハイスクール・ミュージカル」がアップルのiTunesミュージックストアでダウンロードできる原作のままの映画となった。同年5月、50周年記念の期間にディズニーランドは20億人の入場者を迎えた。ピクサー・アニメーション・スタジオを買収した。同年9月、ディズニー長編映画がiTunesで公開可能になった。

2007年8月、「クラブ・ペンギン」という子供向けバーチャルアニメを買収した。2009年2月、新しいケーブル・ネットワーク「ディズニーDX」を開始した。同年3月、「D23」というディズニー公式ファンクラブを開始した。

2009年4月、ディズニー・ネイチャーという独立映画レーベルが「地球」という映画を発表した。同年12月、マーベル・エンターテイメントがディズニー・ファミリーに加わった。2011年1月、豪華客船「ディズニー・ドリーム」が処女航海を行った。同年4月、上海ディズニーリゾートに着工した。同年8月、アウラニ・ディズニーリゾート・アンド・スパがハワイのコオリナに開業された。2012年3月、独立系24時間テレビ・ネットワークである「ディズニー・ジュニア」がアメリカで開始された。2012年3月、豪華客船「ディズニー・ファンタジー」が処女航海を迎えた。

2012 年 12 月、ディズニー社はルーカスフィルムの買収を完了した。ルーカスフィルムはジョージ・ルーカス監督が設立した国際的なエンターテイメント企業で、スター・ウォーズの経営権の本部である。

４．オリエンタルランドの概要

株式会社オリエンタルランド（以降オリエンタルランド）は 1960 年設立、資本金約 632 億円、代表取締役社長兼 COO、上西京一郎氏、取締役 10 名、監査役 4 名、執行役員 19 名、正社員 3,211 名、準社員 18,057 名（2016 年 4 月 1 日現在）、本社所在地、千葉県浦安市舞浜、事業内容、テーマパークの経営・運営および不動産賃貸業、腫瘍取引銀行、みずほ銀行、三井住友信託銀行、大株主は 1 位から順に京成電鉄、三井不動産、千葉県、東京証券取引所一部上場である。連結子会社は 16 社（2015 年 9 月 1 日現在）で、連結業績は売上高約 4,653 億円、営業利益約 1,073 億円、経常利益約 1,092 億円、当期純利益約 739 億円である（2016 年 3 月期）[6]。

オリエンタルランドのテーマパーク事業は連結売上高の約 80%を占める最重要事業である。テーマパーク事業の連結子会社は、㈱舞浜コーポレーション（事務サービス代行業、マッサージ業）、㈱フォトワークス（写真業）、㈱デザインファクトリー（販促物ならびに商品の企画、デザイン、制作）、㈱リゾートコスチューミングサービス（コスチュームの貸出、クリーニング業務）、㈱舞浜ビルメンテナンス（清掃業および警備）、㈱M テック（テーマパークのメンテナンス）である。2011 年度の売上高は 2,978 億円、営業利益は 564 億円である[7]。

同社のホテル事業を行う連結子会社は㈱ミリアルリゾートホテルズである。同社が経営、運営しているホテルは、ディズニーアンバサダーホテル、東京ディズニーシー・ホテルミラコスタ、東京ディズニーランドホテルの 3 つのディズニーホテル、新浦安に位置するパーム＆ファウンテンテラスホテルの 4 施設で構成される。㈱ミリアルリゾートホテルズは日本で唯一、ディズニーホテルの経営、運営する権利を有する。2015 年度の売上高は約 631 億円、営業利益は約 138 億円である[8]。

---

[6] オリエンタルランド「会社概要」2016 年 12 月 2 日アクセス
http://www.olc.co.jp/company/profile/
[7] オリエンタルランド HP「テーマパーク事業」2012 年 9 月 12 日アクセス
http://www.olc.co.jp/company/group/themepark.html
[8] オリエンタルランド HP「ホテル事業」2016 年 12 月 10 日アクセス
http://www.olc.co.jp/company/group/hotel.html

オリエンタルランドのその他の事業を行う連結子会社は、(株)イクスピアリ（複合商業施設の経営・運営）、(株)舞浜リゾートライン（モノレールの経営・運営）、(株)アールシー・ジャパン（テーマテストランの経営・運営）、(株)グリーンアンドアーツ（植栽メンテナンス）、(株)ベイフードサービス（グループ内従業員食堂の運営）である。2015 年度の売上高は約 175 億円、営業利益は約 16 億円である[9]。

(1) オリエンタルランドおよび東京ディズニーリゾートの社史

オリエンタルランドおよび TDR の社史[10]は次のようになっている。

1960 年 7 月、資本金 2 億 5,000 万円にて株式会社オリエンタルランドが設立された。その目的は千葉県浦安沖の海面を埋立て、商業地・住宅地の開発と大規模レジャー施設の建設を行い、国民の文化・厚生・福祉に寄与することである。高度成長期の最中、生活に余裕が出てきて初めて大型テーマパークの需要が生じる。1962 年、同社は千葉県と「浦安地区土地造成事業及び分譲に関する協定」を締結し、1964 年、浦安沖の海面埋め立て造成工事を開始した。1975 年、浦安沖の海面埋め立て造成工事を完了した。そして 1979 年、米国法人ウォルト・ディズニー・プロダクションズ（現ディズニー・エンタプライゼズ・インク）との間に TDL のライセンス、設計、建設及び運営に関する業務提携の契約を締結し、翌 1980 年、浦安町舞浜地区（現浦安市舞浜）において TDL の建設に着工した。そして 1983 年に TDL 開業に至った。

1996 年、同社はディズニー・エンタプライゼズ・インクとの間に TDS 及び「東京ディズニーシー・ホテルミラコスタ」のライセンス、設計、建設及び運営に関する業務提携の契約を締結した。同年、同社の 100％出資による子会社「株式会社舞浜リゾートホテルズ（現(株)ミリアルリゾートホテルズ）」を設立、東京証券取引所市場第一部に株式上場を果たした。翌 1997 年、同社の 100％出資による子会社「株式会社舞浜リゾートライン」を設立する。(株)舞浜リゾートラインは、TDR を取り囲むモノレールを運営する企業である。1998 年、ディズニー・エンタプライゼズ・インクとの間に、ディズニーアンバサダーホテルのライセンス、建設及び運営に関する業務提携の契約を締結、1999 年、当社の 100％出資による子会社、株式会社イクスピア

---

[9] オリエンタルランド HP「その他の事業」2016 年 12 月 10 日アクセス
http://www.olc.co.jp/company/group/others.html
[10] 株式会社オリエンタルランド有価証券報告書－第 50 期（平成 21 年 4 月 1 日－平成 22 年 3 月 31 日）

リを設立した。イクスピアリは大規模ショッピングモールで、レストラン街やシネマコンプレックスを持つ。2000年から2001年にかけて、イクスピアリ、ディズニーアンバサダーホテル、ディズニーリゾートライン、TDS、東京ディズニーシー・ホテルミラコスタが開業した。それで東京ディズニーランドから複合的なリゾートエリア、TDRへと拡張した。

2002年、ウォルト・ディズニー・インターナショナル・ジャパン株式会社より株式会社リテイルネットワークスの株式を取得し、同社の100%子会社とした。そしてザ・ディズニーストア・インク（現ディズニー・クレジット・カード・サービス・インク）と株式会社リテイルネットワークスとの間に、日本国内における「ディズニーストア」の運営及びライセンスに関する業務提携の契約を締結し、承継した店舗において営業を開始した。これにより舞浜一点集中を脱し、舞浜エリアに地震、津波等の災害があっても全国のディズニーストアで安定した売上を狙うことができるようになった。

2006年、ディズニー・エンタプライゼズ・インクとの間に、「東京ディズニーランドホテル」のライセンス、設計、建設及び運営に関する業務提携の契約を締結し、「パーム＆ファウンテンテラスホテル」を開業した。同年、シルク・ドゥ・ソレイユ・インク及びディズニー・エンタプライゼズ・インクとの間に、シルク・ドゥ・ソレイユシアター東京の設計、建設、運営及びショーに関する業務提携の契約を締結した。その後、経営不振で撤退している。

(2) オリエンタルランドの総投資額

1983年のTDL開業以降、オリエンタルランドはアトラクション・パレード・ショーなどの追加でTDRの価値が上がったという理由で数百円の値上げを繰り返し、2016年3月で大人1日6,900円[11]になった。それも2016年4月1日から7,400円に値上げされた[12]。一人でTDRに行く人は少なく、二人か三人か四人で行く人が多いだろう。二人で行ったとしても入場料金だけで14,800円、飲食と物品販売、交通

---

[11] オリエンタルランドHP「価格改定について」2016年3月28日アクセス
http://www.tokyodisneyresort.jp/manage/info/ticket160208/
[12] オリエンタルランドHP「パークチケット」2016年3月28日アクセス
http://www.tokyodisneyresort.jp/ticket/

費は別途かかる。2016 年の TDR の来場者の顧客単価は 11,594 円である[13]。若年の顧客が多いことから、一日のレジャーにかける金額としては高額である。

　バブル崩壊後に就職した世代以降の貧困問題が起こっている。2000 年代は「若年非正規雇用問題」「若年貧困問題」などと若年層の非正規雇用に伴う貧困が問題視された。その層は 2017 年現在 40 歳代である。それより年下の 30 歳代以下でも同様に契約社員、派遣社員、臨時社員など様々な非正規労働者の比率が高まっている。2000 年代に若年雇用問題が浮上したが、2010 年代になって中年貧困問題が浮上している。このまま日本人の平均所得が下がり続けると、この価格のテーマパークに通える人は減少の一途をたどる。この価格であれば、オリエンタルランドは自分で自分の首を絞めることになるだろう。

　オリエンタルランドは値上げのたびに TDR の価値が上がったからと説明している。具体的に年間いくら投資投資しているのだろう。オリエンタルランドは①テーマパーク事業、②ホテル事業、③リテイル事業、④その他の事業（ショッピングセンター、モノレール等）の 4 つの事業を有する。2010 年から 2015 年までの 6 年間の投資額を見よう。最も安い 2010 年で約 194 億円、それ以降は 200 億円台、2015 年には 370 億円の投資をしている。その大半をテーマパーク事業にかけている。これら 6 箇年以外の年の投資額は不明である。オリエンタルランドは HP で、TDL 建設以来の累計投資額は 1 兆 3,000 億円（TDR 各施設開業時の初期投資が 7,000 億円、追加投資が 6,000 億円）に及ぶと公表している[14]。

　TDL 開業は 1983 年なので 2016 年は 33 年目である。1 兆 3,000 億円を 33 年で割ると約 394 億円である。TDL 開業時の初期投資額が約 1,800 億円、TDS 開業時の初期投資額は 3,350 億円、2014 年から 2023 年の 10 年間でテーマパーク事業に 5,000 億円の投資をする計画である[15]。

　表 4 はオリエンタルランドのセグメント別の投資額である。毎年テーマパーク事業に 200 億円前後の投資をしている。2015 年は 338 億円を投資した。ホテル事業はリテイル事業を合わせて毎年 200〜300 億円の闘志をしている。2015 年は 10 箇年

---

[13] オリエンタルランド HP「ゲストプロフィール」2017 年 5 月 18 日アクセス
http://www.olc.co.jp/tdr/guest/profile.html
[14] オリエンタルランド HP「1. 新しい発見と感動が常に生まれる場所」2016 年 3 月 28 日アクセス　http://www.olc.co.jp/ir/feature/report1.html
[15] オリエンタルランド HP「東京ディズニーリゾートの成長の軌跡」2016 年 3 月 28 日アクセス　http://www.olc.co.jp/ir/pdf/annual/2014/annual_03.pdf

計画を発表した年で、370 億円を投資した。テーマパークにこれだけ巨額投資できるのはオリエンタルランドだけである。

　参考までに、TDR のライバル USJ の投資額はどのくらいだろうか。USJ は 2001 年 3 月オープンで、初期投資額約 1,800 億円であった。「初年度バブル」で年間 1,000 万人を超えたが、「2 年目のジンクス」で 2 年目に大幅に低下し、その後も入場者数を減らした。2004 年に大型投資となる新アトラクション「スパイダーマン」を導入した。その後も追加投資を続けてきた。USJ にとって巨額投資となったのは 2014 年開業のハリーポッター450 億円である。そして東京オリンピックの 2020 年に間に合うように任天堂のスーパーマリオのアトラクションを 400 億円で新設すると発表した。なお、USJ を経営する(株)ユー・エス・ジェイは非上場企業なので売上高すら発表していない。過去の新聞記事から拾ってこれだけ集めた（表 5）。

表 4：オリエンタルランドのセグメント別設備投資額

事業	2010 年	2011 年	2012 年	2013 年	2014 年	2015 年
テーマパーク事業	176.45 億円	262.36 億円	220.09 億円	264.96 億円	169.18 億円	338.62 億円
ホテル事業	2.71 億円	5.72 億円	6.40 億円	10.56 億円	21.32 億円	15.31 億円
リテイル事業	3.35 億円	－	－	－	－	－
その他の事業	11.69 億円	11.01 億円	5.63 億円	11.95 億円	13.26 億円	16.51 億円
消去又は全社	(200 万円)	(600 万円)	(300 万円)	(1800 万円)	(1000 万円)	(1100 万円)
合計	194.18 億円	262.36 億円	232.09 億円	287.29 億円	203.66 億円	370.34 億円

出典：オリエンタルランド HP「業績データ推移」2016 年 3 月 28 日アクセス
http://www.olc.co.jp/ir/data.html

表 5：USJ のアトラクション等の大型投資

オープン	投資対象	金額
2001 年 3 月	USJ 開業	約 1,800 億円
2004 年 1 月	スパイダーマン・ザ・ライド	約 140 億円
2006 年 4 月	ピーターパンのネバーランド	非公表
2007 年 3 月	ハリウッド・ドリーム・ザ・ライド	約 50 億円
2007 年 7 月	マジカル・オズ・ゴーラウンド	約 2 億円
2008 年 3 月	ファンタスティック・ワールド	約 16 億円
2009 年 3 月	夜間パレード	約 30 億円
2010 年 3 月	スペース・ファンタジー・ザ・ライド	約 50 億円
2012 年 3 月	ユニバーサル・ワンダーランド	非公表
2014 年後半	映画「ハリーポッター」の新エリア	約 450 億円
2017 年 4 月	ミニオン・パーク	約 100 億円
2020 年	任天堂「スーパーマリオ」の新エリア	約 400 億円

出典：下記の資料を元に作成。

・2013/01/09 日本経済新聞　朝刊 11 頁「これからのテーマパーク（中）ユニバーサル・スタジオ・ジャパン。」

・2007/04/10 日本経済新聞　地方経済面　兵庫 46 頁「USJ にメリーゴーラウンド、7 月開業——幼児も利用 OK、家族連れに対応。」

・2009/03/18 日経産業新聞 18 頁「夜間パレード導入 2 週間、USJ、地元客取り戻す——全国規模の集客課題。」

・産経 WEST「USJ、マリオに 400 億円　任天堂との新アトラクションは正面ゲート左側に（2016/3/05）」2016 年 3 月 28 日アクセス

　http://www.sankei.com/west/news/160305/wst1603050022-n1.html

・読売オンライン「USJ に新エリア『ミニオン・パーク』（2017 年 4 月 19 日）」2017 年 4 月 19 日アクセス

　http://www.yomiuri.co.jp/economy/20170419-OYT1T50090.html

６．まとめ

　本章では世界テーマパーク市場におけるディズニーランドの存在の大きさを考察した。合わせて、ディズニー社とオリエンタルランドの概要および社史をまとめた。両社とも長く成功を積み重ねているが、波瀾万丈である。両社ともに光り輝く高業績企業である。光が強い分、影はより濃くなることが本書で分かる。

　またオリエンタルランドの投資額が非常に多いと分かる。これだと売上高のわりに人件費が潤沢に無いようである。

　なお、ユニバーサル・スタジオについては前著（2014）『ユニバーサル・スタジオの国際展開戦略』で詳しく説明している。

＜参考文献＞

- 　中島　恵（2012）『テーマパーク産業の形成と発展－企業のテーマパーク事業多角化の経営学的研究』三恵社
- 　中島　恵（2014）『ユニバーサル・スタジオの国際展開戦略』三恵社
- 　TEA（2011）「Theme Index: Global Attraction Attendance Report」AECOM, Ecomonic.
- 　TEA（2015）「Theme Index: Global Attraction Attendance Report」AECOM, Ecomonic.

第Ⅰ部　国内編

第2章　東京ディズニーリゾートのホスピタリティ教育
-よく働くアルバイトの育成方法-

1．はじめに

　本章では、東京ディズニーリゾート（TDR）のホスピタリティ教育がどのようなものか考察する。

　TDR の見える所で働いている従業員のほとんどがアルバイトである。あのよく働くアルバイトはどのように育成されているのか。オリエンタルランド社長（現会長兼CEO）の加賀見俊夫氏も「サービスの五つ星をめざそう」とサービスの高水準を目標に掲げている（加賀見, 2003, 91 頁）。そして加賀見氏は「サービス業は十分すぎるほどトレーニングしてもしすぎることはなく、ゴールがない。全体のクオリティは上がっているのに、たったひとりのキャストの言動でそれがすべて覆されることもあり、油断がならない。マイナス評価を限りなくゼロにするために、絶え間ない努力が続けられる」（加賀見, 2003, 92 頁）とキャストを育成する必要性を述べている。

　本章では 2000 年代半ば頃までの情報を元にする。2000 年代であれば「みんなディズニーが好きだから働いている」という状態であった（後述）。しかし 2010 年代以降の労働問題の露見など、好きだから働いている人の比率は下がってきているようである（詳細は第Ⅲ部）。本章ではほとんどのキャストに強い愛社精神があった時代の育成方法を考察する。

2．キャストの人材育成に関する書籍

　ディズニー書籍は多数出版されている。それらは元従業員によって書かれたものとコンサルタントによって書かれたものに大別できる（表1）。どれも読みやすく分かりやすく書かれた一般書である。ここではキャストのほぼ全員の愛社精神の強かった 2000 年代半ばまでの資料を取り上げる。

　志澤（2000）はオリエンタルランド人事部ユニバーシティ課の元正社員であり、トレーニングと広報を担当した。小松田（2003）は 1983 年より 5 年間、TDL 食堂部教育担当リーダーとして、教育訓練システム開発を行った。中村（2004）は 1982 年にオリエンタルランドに入社し、約 15 年間現場運営の責任者として主にアトラク

ションやゲストサービス施設などのスーパーバイジングを担当した。新任スーパーバイザー（各エリアの管理職）の育成および社員やアルバイトの教育、指導などに従事した。

表1：キャストの人材育成に関する書籍

著者	出版年	書籍タイトル	職業
志澤秀一	2000	改訂版ディズニーランドの人材育成	元ユニバーシティ課の正社員
香取信貴	2002	社会人として大切なことはみんなディズニーランドで教わった	元アルバイト 現コンサルタント
西村秀幸	2002	ディズニーランドとマクドナルドの人材教育術	ジャーナリスト
西村秀幸	2003	東京ディズニーランドに学ぶ社員活用術	ジャーナリスト
小松田勝	2003	東京ディズニーランド「継続」成長の秘密	元食堂部教育担当リーダーの正社員
香取信貴	2002	社会人として大切なことはみんなディズニーランドで教わった	元アルバイト 現コンサルタント
香取信貴	2004	社会人として大切なことはみんなディズニーランドで教わったⅡ　熱い気持ち編	元アルバイト 現コンサルタント
小松浩一	2004	ディズニーランドの超人材活用術	コンサルタント
中村　克	2004	すべてのゲストがVIP　ディズニーランドで教えるホスピタリティ	アルバイト指導・育成担当、契約社員育成担当の元正社員

3．TDR のホスピタリティ教育

　TDR のホスピタリティ教育はディズニー・フィロソフィを基盤としている。志澤（2000）はオリエンタルランド人事部ユニバーシティ課の元正社員であり、トレーニングと広報を担当した経験から、ディズニー・フィロソフィについて記している。TDR の経営慣行は膨大な量のマニュアルとして表されている。従業員の思考と自由を奪う悪しきシステムとも言われるマニュアルという制度で人を動かす基盤として、

ディズニー・フィロソフィという経営理念がある。ディズニー・フィロソフィはキャスト共通の価値観である（西村, 2003）。ディズニー世界の核心であり、全キャストが目的を共有する指針である（小松田, 2003）。

　では、ここから詳細に見ていこう。なお、テーマパークとはウォルト・ディズニーの造語である。それ以前の名称はアミューズメントパーク、日本語では遊園地である。従業員をキャスト、顧客をゲストという。

(1) ディズニー・フィロソフィの内容

　ディズニー・フィロソフィとはどのようなものか。上記のディズニー書籍の情報に加えて、オリエンタルランド正社員のA氏[16]に2004年9月22日に、アルバイト（キャスト）のB氏に2004年7月7日、10月1日、12月28日にインタビュー調査した際の情報を加えてまとめる。

　TDRのホスピタリティ教育はディズニー・フィロソフィを基盤とする。ウォルト・ディズニーの経営理念をディズニー・フィロソフィという。TDRの経営理念もディズニー・フィロソフィという。TDRという巨大なシステムを有機的に機能させるために全てのソフトの基礎となるディズニー・フィロソフィが必要となる。これはウォルトの言葉や考え方、主義などをまとめて文章化したものである。TDRの経営慣行の基盤となる考え方でもある。このディズニー・フィロソフィはTDRの組織文化の源となっている。

　ディズニー・フィロソフィには「ファミリー・エンターテイメント」「SCSEという概念」「全てのゲストがVIP」「毎日初演」「ディズニーランドは一生完成しない」「細部までこだわる」「従業員は一番大切な顧客」などの特徴的な考え方がある。一つひとつ見ていこう。

　なお、オリエンタルランド独自の経営理念[17]は、企業使命、経営姿勢、行動指針の3本の柱で構成されている。企業使命は「自由でみずみずしい発想を原動力にすばらしい夢と感動ひととしての喜びそしてやすらぎを提供します。」である。経営姿勢は「1. 対話する経営、2. 独創的で質の高い価値の提供、3. 個性の尊重とやる気の支

---

[16] A氏の希望によりA氏の配属を明らかにすることはできない。
[17] オリエンタルランドHP　2005年1月5日アクセス
http://www.olc.co.jp/company/philosophy/index.html

援、4. 経営のたゆまぬ革新と進化、5. 利益ある成長と貢献、6. 調和と共生」である。
行動指針は「1. 探求と開拓、2. 自立と挑戦、3. 情熱と実行」である。

● 　ファミリー・エンターテイメント
　ディズニーランドの出発点は家族全員で楽しめるエンターテイメント（ファミリー・エンターテイメント）という考え方である。ウォルトがディズニーランド建設を思い立ったきっかけとして有名な話であるが、彼は二人の娘にせがまれて、よく遊園地に行った。娘たちが観覧車やメリーゴーランドに乗ってかわいらしくはしゃいでいる間、ウォルトは一人ベンチに座ってピーナツを食べ、退屈な思いをしていた。周辺のベンチには、同じように暇をもてあまして疲れた父親たちが座っていた。清掃が徹底されておらず、足元にはごみがたくさん落ちていて不衛生だった。ウォルトは思った。これでいいのか。つまらない。居心地が悪い。家族全員が楽しく一緒に休日を過ごせる遊園地が必要だ（志澤, 2000）。それをきっかけにディズニーランド建設を思い立ったため、TDR を含めた全世界のディズニーランドの基本コンセプトはファミリー・エンターテイメントで、老若男女が楽しめるのである。
　そして次のセンテンスがディズニー・フィロソフィの中核をなす概念で、ウォルトの代表的な名言である。

　You can design, create and build the most wonderful place in the world, but it takes people to make that dream a reality[18].
　（人は世界で最も素晴らしい場所を設計し、創造し、建設することができる。でもその夢を実現させるのは人である。）

　ディズニーランドという世界で最も素晴らしい場所のハードを設計し、創造し、建設した後に、実際にソフト面のサービスを実行に移し、夢を実現へと導くのは人という意味である。
　ウォルトの精神と信念を受け継いだ組織として、TDR は従業員のフィロソフィ教育を重視している（芳中, 2004）。多くの企業では具体的で売り上げに直結したこと

---

[18] 志澤（2000）80 頁より引用。筆者が和訳した。

ばかりに目が行き、抽象的なフィロソフィ教育は後回しにされがちであるが、TDR
では重視されている（小松田, 2003）。

● **SCSE という概念**

これが全ディズニーランドの一つ一つの経営慣行の基盤であり、ディズニー・フィ
ロソフィの具体的な中核概念である。S ＝ Safety（安全性）、C ＝ Courtesy（礼儀正
しさ）、S ＝ Show（ショー）、E ＝ Efficiency（効率）で、これらをまとめて SCSE
と呼ぶ。最初の S から順に優先順位が高い（志澤, 2000）。

S：安全性

安全性はゲストの安全で、従業員の安全でもある。TDR はアルバイトであっても
従業員を大切に考えている。また TDR はゲストの安全が最も重要なものと考えてい
る。園内には激しい動きをするアトラクションも多数あり、事故を防ぐことは全キャ
ストに課せられている。

C：コーテシー

コーテシーとは礼儀正しさのことである。TDR に招待されたゲストをもてなす上
で最も重要な事項である。TDR は組織的なコーテシー教育を行っている。TDL では
開業初年度（1983 年）の夏、「コーテシー・キャンペーン」を実施し、「よいコー
テシーでゲストをお迎えしよう」を合言葉に、ロケーション（各店舗、アトラクショ
ンなど）ごとにコーテシーリーダーを選出した。その上司とともに各ロケーションで
コーテシー目標を作り、それに基づいてのモデル行動でキャストに模範を示した。そ
して全体としてのテーマは「明るい挨拶、優しい笑顔」で、笑顔の一番素晴らしいキ
ャストの写真を各ロケーションに張り出し、笑顔を意識させた。このように開業初年
度から組織的にコーテシーを徹底させてきた。TDR におけるコーテシーは、ディズ
ニー・フィロソフィの「全てのゲストが VIP」という考え方を中心としていて、ゲス
ト一人ひとりに礼儀正しい態度で接するようにキャストに指導している。さらに
TDL は「良いゲストコーテシーは、キャスト同士のコーテシー向上がそのまま基礎
となるものですから、キャンペーンはキャスト同士のコーテシー向上についても考
えてください」とキャストに呼びかけ、同僚同士で丁寧に礼儀正しく接することによ
るキャスト間関係向上も訴えた（小松田, 2003）。

S：ショー

TDR ではキャストはゲストの前でサービスのプロとして演じる役者なのである。接客や清掃員（カストーディアルという）の作業風景さえも全てショーなのである。元々ウォルトはアニメ映画監督なので、全て終始一貫したストーリー展開にこだわった。ディズニーランドにもテーマの一貫性を求めた。そして全てのアトラクション、飲食施設、お土産店にも明確なコンセプトがあり、キャストのコスチュームもロケーション毎に異なり、マッチしている。これらは全て顧客に見せるショーである（西村, 2002, 小松田, 2003 他）。

またキャストは役になりきって演じるように指導される。キャストとは役者、俳優という意味で、オンステージのキャストはサービスを提供するプロである。実際に新人は人前で大声を出すのが恥ずかしいと感じることもあるようだが、周りのキャストが恥ずかしがらずに堂々と仕事をしていれば、新人はその雰囲気に飲み込まれ、恥ずかしいという感覚が薄れる（木村, 2003）。

E：効率

TDR では「東京ディズニーランド運営総合情報管理システム」（略称して TOPICS）という入園者数、売上高、仕入高、在庫管理、経費、勤務時間、給与計算などの電算処理を行うシステムが機能している（小松, 2004）。

ファストパスという制度が導入され、ゲストの待ち時間短縮に貢献している。飲食店では各店舗に担当者を置き、混雑してくる時間の確認やキューライン（queue line：並ぶ列）で並んでいるゲストに名刺大のチェック用紙を渡し、滞在時間と施設キャパシティとのバランスなどの確認を行い、THSC（Theoretical Hourly Service Capacity：1 時間以内に良い状況でサービスができる理論値）の見直しと、オペレーション改善策を施した。園内の地下には、巨大な地下道が張り巡らされている。ピーク時に運搬する商品や食材、機械の故障などでメンテナンスの機械や工具を運ぶための通路である。混雑しているオンステージをフードコンテナやトラック、カート、車両などが走ると効率が悪い。地下通路を通って効率良く物流が行われる。安全性という観点からも、混雑している園内を大きなコンテナや車両が行きかうことは避けたい。ショーが台無しとなる。地下通路が必須となる（小松田, 2003）。

- **全てのゲストがVIP**

　ウォルトは全ての人を幸せにするという事にこだわり、それを企業の使命と考えた。著名人や富裕層のみをVIPとして手厚くもてなすのではなく、全ての顧客をディズニーランドに招待されたゲストと考え手厚くもてなそうとした。全ての顧客をVIPと同等に手厚くもてなすため、それを実行するキャストを育成するために、フィロソフィ教育に力を注いだ。TDRでは全てのゲストがVIPなのである（中村, 2004）。

- **毎日初演**

　ウォルトは同じ仕事を続けていると、技術は向上するものの、次第にマンネリに陥り発覚しなければ手を抜いても良いという怠業に陥る傾向にあることを知っていた。ディズニーランドに一生に一度しか来園しないゲストも多く、また1つのアトラクションを一生に1度しか体験しないゲストも多いことを知っていた。さらに1つのショーやパレードを一生に1度しか見ないゲストも多数いると分かっていた。そのため、キャストやショーのダンサーにとっては毎日繰り返されるルーティン・ワークであっても、顧客にとっては一生に1回となるかもしれない。だからこそ一回一回が真剣勝負で、毎日が初演、毎回が初演なのである（中村, 2004）。

- **ディズニーランドは決して完成しない**

　TDRを成功に導いた主要因は一生完成しない事とされている。TDRは継続的な追加投資によって常に改良拡大を続けるようになった。特に集客の核となるパレードとアトラクションを新規建設または改良によって、飽きさせない工夫をしている[19]。飽きないため、リピーターとなる。それが功を奏したからと考えられるが、TDLでは2000年度にリピート率97.5％に到達した（芳仲, 2004）。ただしTDRにおけるリピーターとは2回以上来園したことがあるゲストのことである。TDLの2000年度の来園者は約1,730万人である。この中の約1,687万人がリピーター、残りの約43万人が新規顧客なのである。リピーターの中でTDLに10回以上行ったこと

---

[19] オリエンタルランドHP　2004年9月1日アクセス
http://www.olc.co.jp/company/resort/index.html

のある顧客は 59.4%（約 1,028 万人）、30 回以上行ったことのある顧客は 18.7%（約 324 万人）である（山田, 2002）。

● **細部までこだわる**

　一度でも TDR に訪れた事がある人ならば、あの芸の細かさに驚き、感動した事があるだろう。細かい工夫がなされている。例を挙げればきりがないため、一部紹介すると、エイジングという手法を用いて新品であっても古びた物に見せかけている（小松田, 2003）。またキャストの制服は全てロケーション（各店舗、アトラクションなどのこと）に合わせてデザインされている。テーマを壊さないためである。そして、例えばホーンテット・マンションの衣装を着た従業員がビッグサンダーマウンテンの前を歩く事は、雰囲気を壊すため、禁止されている。そのために地下通路が縦横無尽に掘られており、従業員は地下通路を通って移動する。

● **従業員は一番大切な顧客**

　キャストのほとんどが元ゲストであり、TDR のファンである。ウォルトは従業員を一番大切な顧客と考えた。従業員が TDR を好きであり続ければ、彼らは TDR のためによく働くだろう。また友人や家族を連れてゲストとして来園してくれるだろう。TDR はアルバイトを準社員と呼ぶ。準社員とは、社員に準ずるという意味である。アルバイトですら大切に扱っている（中村, 2004）。

● **ゲストのハピネス（幸せ）が商品**

　「ゲストサービス・ガイドラインカード」とはウォルトが考えたサービスの精神的なスタンスが規定されているものである。片面には「ゲストのハピネス（幸福）こそが、私たちの"東京ディズニーランド"の製品です」（小松田, 2003, 115 頁）と書かれている。

　オリエンタルランドがディズニー社と契約したとき、既にウォルトは死去していたため、ウォルト自身がこのように言ったはずがないが、彼のようにカリスマ的なリーダーが言っている事にすると説得力を増す。

● 品質に関するこだわり

必ず自分達で企画し作成した製品をゲストに提供するというこだわりが、ウォルトの哲学で、ディズニー・フィロソフィの一端である。ウォルトはそれまでの遊園地とは異なる「世界で最も素晴らしい場所」を設計しようとした。まずディズニーランド内の全施設を企画、運営、管理することにした。飲食施設（レストラン・ファーストフード・ワゴン販売）も全て内製して直営である。日本の他のテーマパークの乗り物は通常リース会社からのリースで、飲食店は外部の飲食業者をテナントとして入れるのが一般的である。そして飲食店の販売員をあまり育成しないで接客させていた。外部の業者に委託するとウォルトの管理が行き渡らないため、品質低下が懸念された。高コストになっても直営にこだわった（小松田, 2003）。

● テーマの一貫性

テーマパークである TDR は徹底してテーマの一貫性にこだわっている。園内の雰囲気、建設物の色、形、デザイン、キャストのコスチューム、また飲食施設で販売される紙コップ・紙皿のデザインにいたるまで徹底している。細かい例を挙げるときりがないので一部を紹介すると、コーヒーをかき混ぜるマドラーのヘッド部分がミッキーマウスの頭部の形をしている。またプーさんのハニーハント（アトラクション）の前で販売されているポップコーンの箱のデザインはプーさんである。数ヶ月に一度デザインが変更されるので、ファンは購買意欲を刺激される。

● ゲスト・キャストという概念

TDR は従業員という言葉を廃止している。従業員とは業に従う人という意味である。従業員に代わる言葉としてキャスト（cast）という言葉を使っている。英語の cast は、映画・演劇の出演者、配役、俳優に役を割り当てるという意味である（『ジーニアス英和辞典　第 3 版』大修館書店）。つまりキャストとはステージ上で演技をする俳優・女優という意味である。TDR はキャストをゲストの前でサービスを演出する俳優・女優と考えている（小松田, 2003）。TDR では全ての従業員がキャストなのである。社長や役員も例外ではない。社長もアルバイトと同じキャストであるとオリエンタルランド社長の加賀見氏が著書（2003）の中で述べている。

顧客はゲスト（guest）と呼ばれる。英語で顧客はカスタマー（customer）、招待されて来た客をゲストという。TDR に招待された招待客（ゲスト）なのである。TDR

内のゲストが見えるところをオンステージといい、ゲストが見えないところをバックステージ[20]といい、明確に区別している。キャストという役者がステージ上で着る制服はユニフォームではなく、コスチューム（costume：衣装）である（小松田, 2003）。つまり、従業員を「TDR という巨大なステージ上でコスチュームを着てゲストの前でサービスを演出する役者（＝キャスト）」と捉えているのである。

SCSE の 2 番目の S はショーである。ウォルトはゲストに見せる全てのものをショーと考えた。TDR ではゲストが見るもの、聞くもの、触れるもの、体験するもの、キャストのホスピタリティ、全てがショーである。そして役者であるキャストのホスピタリティと笑顔をゲストに見てもらい、気持ちよく感じてもらうという事も商品の一部であり、ショーである。接客するキャストを希望する人の多くはゲストとしてTDR を訪れたことがあり、その時に笑顔で楽しそうに働くキャストを見て驚き、感動し、TDR で働くことは楽しそうと感じ、将来働いてみたいと感じた経験がある（西村, 2002）。すなわち TDR のホスピタリティ教育はゲストとして TDR に初めて訪れた時から始まっている（中村, 2004）。将来 TDR のファンとして TDR で働くキャストになってもらえるように、最高のホスピタリティでもてなす（木村, 2003）。

キャストの接客の良さはよく知られているが、彼らは元々 TDR が好きである。キャストの大半は TDR が好きだから働いている[21]。つまり TDR は長いスパンでファンを増やし、維持し、将来キャストとして戻ってきてもらえるように考えている（中村, 2004）。実際に TDR でのアルバイト歴の長い B 氏[22]によると、キャストのほとんどは TDR が好きだから働いている。B 氏は「みんなディズニーが好きだから働いているの」と言う。

新人アルバイト採用の面接時に、応募の経緯や受け答え方、イメージ、雰囲気などを見て配役（キャスティング）を決める。アトラクション勤務が最も人気があるため

---

[20] バックステージとは、具体的には、従業員休憩室、社員食堂、更衣室、ホワイトカラーが勤務するオフィス、従業員用トイレ、園内の地下に掘ってある巨大な地下通路とキャスト乗せて移動するバス、在庫の保管倉庫、料理の下ごしらえをする中央キッチンなどである。
[21] A 氏にインタビュー
[22] B 氏の TDR でのアルバイト歴は、1997 年 3 月から 1998 年 9 月まで TDL の入口のチケット切りとゲストの誘導、1999 年 6 月から 2000 年 3 月までセキュリティ部門で TDL の警備、2000 年 4 月から 2001 年 2 月まで TDL の入口、2004 年 5 月から 2004 年 6 月までイクスピアリ内のプラネット・ハリウッド（エンターテイメント・レストラン）、2004 年 7 月から2004 年 10 月まで同イクスピアリ内のレイン・フォレスト・カフェ（エンターテイメント・レストラン）、2004 年 11 月以降はディズニー・グッド・ネイバー・ホテルの一つであるオリエンタルホテル（浦安市）のドアボーイである。

[23]、希望者を他の部門に配属する必要がある。TDR のロケーションは非常に多いため、その時によって空きがある時と無い時がある。一度の面接で適所適材の配役を行う。面接では、ある程度採用する事を前提にして応募者の配属希望を聞き、どこの部門に向いているか判断する事に重点が置かれている（志澤, 2000）。

　若者にアルバイト先として大人気の TDR であるが、人気があるのはアトラクションなどの「花形」業務だけであって、地味な裏方は不人気である。しかも常時 18,000人前後のアルバイトを保持している必要があるため、裏方業務のアルバイトに関しては選べるほど希望者が来ない[24]。一度の面接で採用を決めるため、その人物の中身を深く読み取ることは不可能に近く、アルバイト希望者の笑顔、態度、雰囲気が TDRに合いそうか、などの第一印象の良さで判断される[25]。アルバイト希望者の多い TDRであるが、優秀人材を選抜しきれていない。だからこそ徹底したホスピタリティ教育によってどこに配属されても TDR のため、ゲストに幸せを提供するため一生懸命働こうとする高コミットメント人材に押し上げる必要がある。

(2) ディズニー・ユニバーシティでのホスピタリティ教育

　TDR はディズニー・ユニバーシティという企業内大学をもち、組織的なホスピタリティ教育を行っている。まず一般的な企業内大学について、次に TDR の企業内大学について説明する。

● 企業内大学とは何か

　企業内大学とは企業が学校法人の大学を設立するのではなく、企業内の研修所のことである。日本の企業内大学には 2 類型が見られる。1 つは上級管理者や役員の研修所ないしそのプログラムに限定している。2 つ目は企業内教育の中心、シンボル的な存在の研修センターおよびそのプログラム全体ある（表 2）。

　ダイヤモンド・ハーバード・ビジネス・レビュー編集部（2002）によると、日立製作所の日立総合経営研究所は、経営者養成および日立の中期経営計画「i.e. HITACHIプラン」を達成するために変革のプロセスを支援し、企業内の情報交換の要となる。

---

[23] A 氏にインタビュー。B 氏も人気のアトラクション部門でのアルバイトを希望したら不採用になった。次の機会に不人気部門（TDL 入口のチケット切り）を希望したら採用された。
[24] B 氏にインタビュー
[25] B 氏にインタビュー

東レの東レ経営スクールは計画的に経営者を早期育成するという目的を持つ。三菱商事の MC 経営スクール、松下電器産業のグローバル経営幹部育成研修、伊藤忠商事の経営者スクール、トヨタ自動車のトヨタインスティテュートの4企業内大学は、経営者養成を目的としている。そしてソニーのソニー・ユニバーシティは次世代リーダーを発掘し育成し、イノベーション・エンジンとしての役割を果たしている。キャノンのキャノン経営大学院はグローバル・リーダーを育成し、各国の人材育成プログラムのベースとなることを目的としている。他方、NEC の NEC ユニバーシティは NEC グループに対する各種教育の企画・提供、教育技法・システム開発を目的としている。富士通の FUJITSU ユニバーシティは下位の教育機関を統合し、教育戦略・実行の一元化を図ることを目的としている。

表2：代表的な企業内大学の目的と概要

企業	名称	設立	目的と概要	類型
日立製作所	日立総合経営研究所	1961	経営者養成、変革プロセス支援、情報交換	経営者やリーダー育成
東レ	東レ経営スクール	1991	経営者養成、計画的早期育成	
三菱商事	MC 経営スクール	1994	経営者養成	
松下電器産業	グローバル経営幹部育成研修	1998	経営者養成	
伊藤忠商事	経営者スクール	1999	経営者養成	
ソニー	ソニー・ユニバーシティ	2000	次世代リーダー育成、イノベーション・エンジン ＊1	
キャノン	キャノン経営大学院	2001	グローバル・リーダーと各国の人材育成のベース ＊2	
トヨタ自動車	トヨタインスティテュート	2002	経営者養成	
NEC	NEC ユニバーシティ	1997	教育の企画・提供	企業内教育の中心
富士通	FUJITSU ユニバーシティ	2002	各教育機関を集結させ企業内教育の一元化	

出典：ダイヤモンド・ハーバード・ビジネス・レビュー編集部（2002）64-67頁を元
に作成
＊1：次世代リーダーとは必ずしも次期経営者のことではなく、本社係長から課長、
グループ会社課長クラス以上をリーダーとしている。
＊2：ここでのリーダーとは事業部長クラスである。

● 　ディズニー・ユニバーシティとは何か

　ディズニー・ユニバーシティでは新入社員全員（アルバイトを含む）に、具体的な
仕事を教える前にウォルトの考えの集大成であるディズニー・フィロソフィを教え、
働く事に対する誇りを教える。世間知らずの若者を短期間でサービスのプロにまで
育成するためには、なぜこのように心のこもったサービスを行う必要があるのかを
徹底的に教える必要がある。TDRで接客するキャストの99%以上がアルバイトなの
で、ディズニー・ユニバーシティに来る新人のほとんどがアルバイトということにな
る。オリエンタルランドの人事部ユニバーシティ課が、ディズニー・ユニバーシティ
での新人教育を担当している（志澤, 2000）。

　「お客様は神様です」は顧客と企業の上下関係を表す言葉を使って顧客に奉仕す
る精神である。TDRは顧客を「TDRに招待されたゲスト」と捉え、ホームパーティ
に招ねかれたゲストとパーティの主催者は対等と考えている（小松田, 2003）。

　「『大切な人をおもてなししよう』という気持ちがあれば、体が自然と動きます。
自然と笑顔になりますし、自然にアイコンタクトを取るでしょう。このおもてなしの
気持ちを『ホスピタリティ』と呼びます。東京ディズニーリゾートに訪れたゲストを
心からおもてなしするには、まず相手の立場になり、次に自分から行動しましょう」
（B氏からご提供頂いた新人アルバイトの一斉オリエンテーションで用いるパンフ
レットより引用）と優しく説いている。しかも命令形で言わない。

　ディズニー・ユニバーシティは大きく分けて3部門ある。①トレーニングチーム、
②キャスト・コミュニケーションズ（社内広報）、③キャスト・アクティビティーズ
（社内イベント）である。ディズニー・ユニバーシティは教育のみならず、社内広報
や社内イベントなどの福利厚生も行っている（志澤, 2000）。

　志澤氏は1982年にオリエンタルランドに入社し、人事部ユニバーシティ課にてト
レーニング、社内広報を担当した。ホスピタリティ教育を要約すると、「TDLは自
己完結性の高いクローズドな社会を作り出している。そしてキャストはウォルト・デ

ィズニーの精神を理解し、その夢のストーリーの演出者として振る舞うことを求められている。この構図の中でどのようなサービスを行って欲しいかについてを教えていくことは、その社会の中で、どういうふうに生きて欲しいかということを徹底していくことに他ならない。そこでの教育とは、するべき事を生徒に与えるという学校教育的なものを超えて、生き方のレクチャーになっていくと思う。つまり生涯教育に似たアプローチが必要になる。単にトレーニングのクラスで情報や知識をインプットし、スキルの向上を促進するだけではなくて、常にディズニー的に様々な物事を考え、ディズニー的な精神によって価値判断ができる方向に持っていくことが人材育成の目標となる。」（志澤, 2000, 111-112頁）

①トレーニングチーム

　ディズニー・ユニバーシティの中心に位置するのはトレーニングチームである。オリエンタルランド人事部ユニバーシティ課を頂点として、各部事務課のトレーニング担当、その先に各施設のトレーニングを実施するトレーナーという構造である。そのトレーナーの下に新人のトレーニーが付くという大きなヒエラルキーを形成している。トレーニングチームは大きく3つの業務を持つ。その業務とは、

①　新人に対する導入教育（非常に大きいウェイト）

②　管理職としての社員育成

③　教育管理の管理

である（志澤, 2000）。②は管理職の育成であり、③は教育システムの管理そのものである。ここでは現場のキャストを対象とするため、②と③は対象としない。

　新人の導入教育には「オリエンテーション・プログラム」が作成されている。その導入教育は「東京ディズニーランド・オリエンテーション」と呼ばれる。主としてオリエンタルランド、TDR、ウォルト・ディズニーについての基礎知識を教える。オリエンタルランドの発足からの経緯を社史的に、ウォルトの考え方や経験および時代を追ってディズニーランド建国に至った経緯を説明する。オリエンタルランドと米国ディズニー社の歴史的背景とともに大きいウェイトを占めるのが新人の導入教育である。その主な内容は、ウォルト・ディズニーの人生、生活史、起業史、米国ディズニー社の社史、オリエンタルランドの社史、TDRの歴史、ゲストコーテシー、SCSEという概念、建物の工夫や特徴などである。実際に園内を確認するパーク・ツアーもあり、その時に救護対応のファースト・エイドや遺失物センターなどにも案内する。

45

オリエンテーション・プログラムでは、様々な映像、画像を用いて説明される。視覚から入ってくる情報量は全体の7割とも言われているため、効果的なプレゼンテーションは視覚をフル活用する。このオリエンテーションの特徴は、メモを取らせない、しっかり話を聞かせる、多くの絵や写真を用いる、楽しみながらオリエンテーションを受けさせる雰囲気を作る、後で内容をまとめたパンフレットを新人全員に配布することである。集中して話を聞かせるためにメモを取らせず、後でその内容をまとめたパンフレットを配布する事で、事後の個人学習を促す。このパンフレットは美しい写真を多用したオールカラーで手の込んだ仕様である。こういったことにも経費をかけている。オリエンテーション・プログラムの最後は、「TOKYO DISNEYLAND SHOW」というマルチスライド・ショーで締めくくられる。一日のオリエンテーションのまとめである。楽しい雰囲気の中でオリエンテーションを進め、新人に不要な緊張を与えないようにしている。このショーでは全ての人にハピネス（幸せ）を提供するという企業の使命を、幸せで楽しそうな人々の笑顔や目の輝き示すことによって表している（志澤, 2000）。

　実際にこれを見たB氏は、このビデオやスライドは非常に説得力があり、TDRがどのような組織かよく分かり、感心し、感動し、洗脳されてしまうと言う。これを見てどの程度ディズニー・フィロソフィに共感するかは個人差が大きいだろう。

②キャスト・コミュニケーションズ

　キャスト・コミュニケーションズという部門はディズニー・ユニバーシティ内にあり、社内報を作成している。「東京ディズニーランド・ライン」という社内コミュニケーション誌である。友人や家族に見せてもいい内容で、広報の性格の強いオープンな社内誌である。その内容は、全キャストに知らせたい会社やパークの情報、決定事項、シーズンやその時々の話題、園内に新登場したエンターテイメントのキャスト・アクティビティーズ（福利厚生による社内行事）のお知らせなどの情報が載っている。これらに加えて、ウォルト・ディズニーに関する逸話やディズニー・フィロソフィ養成に貢献する内容、社内同好会の紹介とメンバー募集、さらに健康知識のコラムなどもある。「パーク・エキスプレス」というA4版の告知ビラも発行されている。これは「東京ディズニーランド・ライン」の発行を待っていたら遅くなってしまう緊急の告知や情報を伝える号外版である。キャスト・コミュニケーションズは社内に対

しての情報発信源で、オリエンタルランド広報室は社外に対しての情報発信源となっている（志澤, 2000）。

③キャスト・アクティビティーズ

　キャスト・アクティビティーズという部門もディズニー・ユニバーシティ内に設置されている。キャスト・アクティビティーズはTDRに対する愛社精神を高めるような社内イベントを企画し、実行する事によって、キャスト同士の親睦を深める事を目的としている。代表的なものに「ミニーマラソン」というマラソン大会、キャスト対抗のカヌーレース、ドナルド・ワイドゲーム[26]がある。また以前キャプテンEO（マイケル・ジャクソン主演のアトラクション。既に閉鎖）のシアターを使って、閉園後に『白雪姫』や『ピノキオ』などのディズニー・アニメ上映を実施していた事があった。キャストのみ参加できて、参加費無料である（志澤, 2000）。

(3) 徹底したこだわりと教育

　オリエンタルランドは社内報や社内イベントなどキャストだけの事項であってもTDRとしてのある程度の質を要求している。決して非売品だから質にこだわらないということはない。それはディズニー社との契約内容に起因するとともに、ディズニー・フィロソフィによって品質管理・維持をモットーとしているからである。TDRでは社内報といえどもディズニー社のコンテンツ（キャラクター、物語、施設など）に関する物の使用に際してディズニー社の使用許可が必要である。印刷物の写真などについてもオリエンタルランド内に設置されたディズニー社からの出張機関の審査をクリアしなければならない。文章を書くに当たって決められた言葉を使用し、略語などを使用することは禁止されている。例えば「ミッキーマウス」を「ミッキー」と書いてはならないし、「東京ディズニーランド」を「ディズニーランド」や「TDL」と略してはならない。社内用出版物であっても広報室長のチェックを受けてから発行する。このように厳しい規則があるのも、単にディズニー社との契約を遵守しているからだけではなく、ディズニー・ユニバーシティが自らの質を維持しようとしているからである。しかも社内報を見るのはキャストで、キャストはTDRにとって一番

---

[26] オリエンタルランドHP　2004年12月29日アクセス
http://www.castingline.net/benefits/index.html

のゲストと考えられている。ゲストの多くは既に TDR のファンで、家族や友人を連れてゲストとして来園してくれる可能性があり、社外に TDR の内部事情を流す情報の媒体になり得る（志澤, 2000）。

● **清掃員とパフォーマンス**

　TDR では清掃員をカストーディアル・キャストと呼ぶ。このカストーディアルは日本の清掃業を革新したと言われている。彼らの仕事はゲストの案内と清掃である。彼らが清掃に用いるほうきは「トイブルーム」、塵取は「ダストパン」である。ほうきと塵取ではない。ゴミのある地点に歩いていき、トイブルームでダストパンにささっと入れる。この清掃する作業がかっこいいと好評で、オープン当初からアルバイトを希望する者が増えた。これはかっこつけているのではなく、キャストの安全に配慮した結果、このような清掃スタイルになった。TDR ではしゃがむ行為が禁止されている。随所に撮影ポイントがあるため、カメラを覗き込みながらバックしてくる人が多い。アトラクションやパレードの場所確保のために走る人もいる。周りをよく見ていない人が多い。しゃがんで作業しているカストーディアルに気づかず転倒する事故を防ぐために、しゃがんではならないのである（小松田, 2003）。

● **セントラルキッチンでのプレクック**

　TDR の飲食部門は各店舗の 1 つのメニューでも毎日数千、数万食売り上げるため、1 店舗の 1 日の売り上げだけでトータル何十万食も販売している。ある 1 つのメニューで食中毒が発生しただけでも、数千、数万人のゲストが食中毒になる。食の安全を守るために「セントラルキッチン」がある。ほとんどのメニューはここで下ごしらえ（プレクック）され、物流担当者に各店舗に配送される。このセントラルキッチンで厳しく衛生管理されている（小松田, 2003）。

　このセントラルキッチンが「厚生労働大臣賞（食品衛生優良施設表彰）」を受賞した[27]。厚生労働大臣賞とは、厚生労働省が事業者への食品衛生の推進を目的とし、行政が定める衛生基準をクリアした優良施設を表彰するものである。セントラルキッチンは千葉県知事賞、日本食品衛生協会会長表彰も受賞した。セントラルキッチンは

---

[27] オリエンタルランド HP　2004 年 12 月 2 日アクセス
http://www.olc.co.jp/news_parts/20041111.pdf

園内で販売するメニューの事前調理を集中して行う。一日に米 8 トン以上を炊飯できる炊飯ラインや、約 70 種類のパンを 1 日に 2 万 5 千個以上焼き上げる能力を持つオーブンなどを備えている。HACCP（Hazard Analysis Critical Control Point：危害分析重要管理点）という衛生管理の手法に基づき、製造工程ごとの衛生管理が行われている。

● **ゲストサービスの基本は挨拶**

キャストの業務と役割は礼儀正しくゲストにサービスすることである。TDR のゲストサービスの基本に定められた 3 つの基本的手順が、①あいさつ、②適切な対応、③あいさつであり、全キャストが守らなければならない基本手順である。キャストの仕事は、まずゲストとコミュニケーションをとることであり、2 つ目の仕事が本来の持ち場での業務なのである。TDR では新人研修のときに、ゲストに朝は「おはようございます」、昼は「こんにちは」、夜は「こんばんは」と言うよう教育している（小松田, 2003）。

● **ディズニースマイル**

TDR のキャストの多くが笑顔で楽しそうに働いている。笑顔は相手に良い印象を与える。コーテシーの一つがこのスマイルである（小松田, 2003）。

「キャストに幸せになってほしいと素直に心から思えば自然と笑顔になれるはずである」（B 氏からご提供頂いたディズニー・ユニバーシティで配布されるパンフレットより抜粋）。TDR の教育は一種の洗脳と言える。

● **ディズニールック**

TDR はゲストの満足度を高めるために身だしなみを整える必要があると考え、ディズニールックと呼ばれる基準を設けている。簡素、上品、清潔、自然が基本であり、オンステージだけでなくバックステージでも全キャストに義務付けられている。これに従えない者は、アルバイトとして採用されない。男性のディズニールックの規定は、髪の毛、もみ上げ、髭、爪、ブレスレットなどの装身具、靴、靴下、私服勤務の服装など、女性のその規定は髪の毛、髪飾り、化粧、爪、マニキュア、イヤリングなどの装身具、靴、靴下、私服勤務の服装、などが細かく規定されていて、守らなかった場合の罰則なども決められている（香取, 2002, 小松田, 2003）。

人事部の新人研修のときに「ディズニールック」という 1 冊の冊子を配布する。キャストは理美容院に行くときにそのカードを見せて、ディズニールックとして合格するような髪型に仕上げてもらう。理美容院で口頭での髪型の説明には限界があるため、この様なシステムがある。TDR では髪型に関する規定は厳しく、出勤してから上司に髪型を注意されることがある。その場合キャストが開園までに駆け込む従業員専用の理髪店（店名はバーバーショップ）がある。そこではシャンプーとカットを 1000 円以下で受けられる（小松田, 2003）。TDR ではディズニールックに不合格なキャストをオンステージに出すことはない（香取, 2002）。

(4) 導入教育

　新人キャストは、①ディビジョン・トレーニング、②ディビジョン・オリエンテーション、③OJT の順に導入教育を受ける。OJT まで完了したらキャストとして勤務開始になる。

①ディビジョン・トレーニング

　ディビジョン・トレーニングとは各店舗やアトラクションでの OJT のことである。新人は体的な業務を覚える。徹底したホスピタリティ教育を受けた新人を各部門のロケーション（各アトラクションや店舗）に配属するに当たって具体的な仕事を教え、サービスのプロとしてゲストの前に出せるように育成するのが、ディビジョン・トレーニングである。アトラクションを運営するオリエンタルランド運営部、飲食施設を運営する同社食堂部、物品販売施設を運営する同社商品部、清掃を担当するカストーディアル、警備等を担当するセキュリティ、その他防災などを担当するゼネラルサービス部などは、それぞれの職務内容に合ったトレーニング・プログラムを持ち、実際に新人キャストのトレーニングを行っている。各部事務課が担当するのは、ディビジョン・オリエンテーションと各ロケーションで行われる具体的な OJT である（志澤, 2003）。

②ディビジョン・オリエンテーション

　ディズニー・ユニバーシティでのオリエンテーション終了後、別の日に各部事務課のディビジョン・オリエンテーションが実施される。ここでのオリエンテーションはユニバーシティと違って概念的ではなく具体的である。例えば、ロッカーの使い方、

コスチュームの借り方と返却方法、出勤・退勤の管理、各部の組織体系、指示命令系統などである。関連深い施設を中心としたより詳しいパーク・ツアーや各部レベルのディズニー・フィロソフィについて繰り返し教えられる。ユニバーシティと同様にこれに1日費やされる。ここまで修了した新人キャストはさらに具体的なOJTに進む（志澤, 2003）。

③OJT（On the Job Training：オン・ザ・ジョブ・トレーニング）
　これまで精神面のホスピタリティ教育が実施されてきた。ここで具体的な作業を教えられる。3〜4日でおおよそ全ての手順を覚える事が要求されている。膨大なマニュアルを覚えるのであるが、まず基本的作業から覚える。その骨子は、①オープニング手順、②通常運営手順、③クロージング手順、④緊急時対応手順である。各ロケーションでのOJTでは施設を回り、一度トレーナーがやって見せて、トレーナーが実際に練習し、トレーナーがさらに指導するという方法を採っている。トレーニーはマニュアルの内容に則った正当な方法を覚えなければならない。そしてトレーナーは必要な事全てをトレーニーに教えると、チェックリストに沿って質問し、それに答えさせ、覚えているかを確認する（志澤, 2003）。
　ディズニー・ユニバーシティでの抽象的な概念教育に始まって、ディビジョン・オリエンテーションを経て具体的な作業を教えるOJTに至る（表3）。

表3：ユニバーシティからOJTまでの教育の流れ

		担当部署	特徴	期間
1	ディズニー・ユニバーシティ	オリエンタルランド人事部ユニバーシティ課	抽象的	1日
2	ディビジョン・オリエンテーション	オリエンタルランド各部事務課	具体的	1日
3	OJT	各ロケーションのトレーナー	具体的で詳細	3〜4日

トレーニング修了の判断と責任の発生
　一人のトレーニーがトレーニング終了時に用いるチェックリストは、キャストとしての一般常識や施設を運営していくためのマニュアルの内容について覚えなければならない項目を全て並べた質問状で、A4用紙2〜4枚である。これら全項目に合

格すれば、現場に正式にキャストとして出られる。トレーニーがチェックリストをクリアできずに長くトレーニングしている事は、トレーナーとトレーニーの二人分の人件費がかかり、他のメンバーに影響が出るため、トレーナーは決まった時間内にトレーニーを育成し、合格させ、現場に出せるようにする責任を負う（志澤, 2003）。

　一人のトレーニーのチェックリストには、トレーニー、トレーナー、所属するロケーションのワーキングリード（いわゆる店長）、そしてそのエリアのスーパーバイザー（エリア責任者）が署名をする。この署名は2つの意味をもつ。①トレーニーの能力がTDRの求める水準に達した事をトレーナー、ワーキングリード、スーパーバイザーが認めた事になり、彼らはその新人に対して責任が発生した事を承認した事になる。②トレーニーはチェックリストに署名した以上、トレーニングで教えられたとおりの作業手順で仕事をする義務が生じる。TDRではまだ一度も訴訟になった事はないが、トレーニングで教えられたことをせず、異なった方法で業務を行ったことに起因する災害や、ゲストの怪我などに関して各自で責任を負いなさいという事である。アメリカのディズニーランドで作られたマニュアルなのでこのような性格である（中村, 2004）。

Off-JT (Off the Job Training：オフ・ザ・ジョブ・トレーニング)

　OJTだけでなく、Off-JTも行われている。Off-JTとは仕事時間外の人材育成である。一般企業ではOff-JTと言えば座学の研修であるが、TDRでは各キャストが独自に仕事について学び、覚えることである。

　オンステージでキャストはゲストから様々な質問を受ける。各ロケーションへの配属時に「エリア・ツアー」を行うが、それだけでは不十分なので新人キャストはOff-JTで園内の全ての名称を覚える。ゲストからの質問に「分かりません」と答えてはならないというマニュアルがある。分からない場合は、「少々お待ちください」と言って近隣の他のキャストに聞く。他のキャストと全く面識のない場合でも、キャスト同士相互に教えあい、助け合う教育がなされ、即座にゲストに伝える体制が整っている。TDLは開業当初ゲストからの質問の頻度によって構成された質問返答票を作り、半年に1度書き換えてキャストに配布していた。それをキャストはOff-JTで読んで、覚え、実際にゲストに答える様子をシミュレーションして練習しておけば、本当に予期せぬ時にゲストに質問されたときに即座に返答できるのである。そのために「パークインフォメーションカード」が導入され、社内インフォメーション用の

冊子「リゾート・ポスト」に年に2回くらい掲載され、それを切り取ってもっている（小松田, 2003）。

(5) スーパーバイザーというシステムとその役割

　スーパーバイザーはキャストの上司、中間管理職でキャストを管理・監督し、マニュアルに従って働いてもらう役割を担う。中村（2004）は約15年間現場運営の責任者としてスーパーバイジングを担当した経験から、現場の責任者であるスーパーバイザー（エリアごとの責任者で中間管理職）の役割と業務内容を詳しく説明している。キャストの人事組織は官僚制組織で大きなヒエラルキーを構築している。その上位階層から順に、ディレクター、スーパーバイザー、ワーキングリード、スケジューラー（各ロケーションのキャストのシフトを作成する人）、そしてその下に一般キャストとなっている。スーパーバイザーはエリアの責任者であり、契約社員が起用される。オリエンタルランドの契約社員とはスーパーバイザーの事である。稀に正社員がスーパーバイザーになることもある[28]。

　各店舗やアトラクションの店長がワーキングリードで、ワーキングリードを統率し、指示し、まとめるのがスーパーバイザーである。パーク開園の1時間30分前、オペレーション部のスーパーバイザーは、オップスワン（その日のパーク運営責任者）という朝礼を行う。その日の入場者数、入場制限の可能性、要人の来園、マスコミの取材の有無、昨日届いたゲストの声などを発表する。これが全キャストに届けられる。スーパーバイザーから各ワン[29]へ、次に各ロケーションのワーキングリードへこれらの情報が発信され、それが末端のキャストに届けられる。組織構造の上位から下位へと情報が伝達される。情報伝達の一元性が採られていると、不要な誤報が出回って混乱するような事はない。オップスワンとは、パーク運営に関わる全ての部署の当日の責任者（ワン）を集めて本日の情報を伝える事である（志澤, 2003）。

　次にスーパーバイザーの具体的な業務や勤務時間は、担当するエリアによって異なるが、アトラクションエリアのスーパーバイザーであれば、オープンの2時間前なので、朝8時開園の日であれば6時出勤となる。まずスーパーバイザーはオフィスに勤務する。机上に前日のクロージング作業を担当したスーパーバイザーが用意

---

[28] A氏にインタビュー
[29] エンターテイメントカストーディアル、フード、マーチャンダイズ、セキュリティなどの当日の責任者をワンという。

した書類や山積された各ロケーションのログブックを読む。ログブックとは業務日誌の事であり、1冊の厚さが3センチほどなので、例えば担当エリアのロケーションが15あれば、45センチの厚みとなる。これを全て読み、前日からの伝達事項に目を通す。ログブックには当日の運営状況、引継ぎ事項、指示事項、改善提案、意見具申などが書かれている。TDRは毎日同じではない。ログブックを読めば前日までの様子が全て分かる。スーパーバイザーは、キャストが気持ちよく働ける環境を作り、全体を見て組織を強くする事が求められている。そのために人間としての器や魅力を高め、ワーキングリードや一般キャストからの信頼を得なければならない。そのためスーパーバイザーになる前に徹底したトレーニングを受けなければならない、知識として学んだ事が現場で行われなければならない、勤務時間の7割は現場を見ていなければならない、スーパーバイザーに就任して安心するのではなく、常に学び続けなければならない。スーパーバイザーはパーク運営にとって極めて重要な役割を担っている。スーパーバイザーの上にディレクターがいて、スーパーバイザーはディレクターに伝達する必要がある事項は伝達し、自己で処理するレベルのものは伝達しない（中村, 2004）。

● **スーパーバイザーの種類と業務内容**

　スーパーバイザーの種類と業務は次のようになっている（表4）。営業部門はインフォメーションセンター、予約センターで電話での予約受付や情報提供を、運営部門はアトラクション・駐車場の運営・管理を、カストーディアル部門はパークの清掃・美化とゲストの案内・誘導・質問への応対を、セキュリティ部門は警備全般を、フード部門（運営）は飲食施設の管理・運営およびキャストへのサービスを、フード部門（調理）はシェフ業務中心、料理の品質管理、特別メニューの開発を、そして商品販売部門は店舗管理と商品管理を担当している。各部門のスーパーバイザーは数名ずつおり、例えばフード部門（運営）であれば、一人のスーパーバイザーが6〜10店舗を担当する[30]。

---

[30] オリエンタルランドHP　2004年12月25日アクセス
http://www.olc.co.jp/recruit/_2004contract/index.html

表 4：スーパーバイザーの種類と業務内容

部門	業務内容
営業部門	インフォメーションセンター、予約センターで電話での予約受付や情報提供
運営部門	アトラクション・駐車場の運営・管理が中心
カストーディアル部門	パークの清掃・美化とゲストの案内・誘導・質問への応対
セキュリティ部門	警備全般
フード部門（運営）	飲食施設の管理・運営およびキャストへのサービス
フード部門（調理）	シェフ業務中心、料理の品質管理、特別メニューの開発
商品販売部門	店舗管理と商品管理

出典：オリエンタルランド HP をもとに作成　2004 年 12 月 25 日アクセス

http://www.olc.co.jp/recruit/_2004contract/index.html

(6) 自己啓発を促すシステム

　TDR の全キャストは常に自己啓発する必要がある。キャストにとってはディズニー・フィロソフィを心の拠り所として、やる気を高め、自ら働く意義を見出すことで日々の仕事が充実したものになる。トップマネジメントにとっても、業務上の義務や規則という形で従わせることはできるが、命令は反発を招き、愛社精神低下が懸念される。キャストは TDR のファンだからこそ、働こうという意欲がわく。自己啓発を目的に次のシステムが導入されている。

● 　ゲストサービス・ガイドラインカード

　ウォルトが考えたサービス精神が規定されているカードである。片面には「ゲストのハピネス（幸福）こそが、私たちの"東京ディズニーランド"の製品です」（小松田, 2003, 115 頁）と書かれ、その横に次の 5 項目が、星マーク付きの箇条書きで書かれている。

★　積極的なゲストサービス

★　息の合ったチームワーク

★　明るいあいさつ優しい笑顔

★　親切丁寧なご案内

★　素晴らしいショーマンシップ

その裏面にはウォルトの笑顔と「ほら、見てごらんよ！こんなにたくさんの嬉しそうな顔をみたことがあるかい？こんなに楽しんでいるところを・・・。私は一人でも多くの人に笑顔でパークの門から出て行ってほしいんだ」という言葉と SCSE の事が簡単に説明されている。そしてその横にはミッキーマウスの形をした鍵が描かれている。

教育の際にウォルトやミッキーマウスなど人気キャラクターを用い、押し付けがましい教育をしないようである。

● 　ファイブ・スターカード

ゲストサービス・ガイドラインカードをさらに徹底させるために、オリエンタルランドの幹部が一般キャストを直接動機づけするためのカードである。TDR はサービスの５つ星（ファイブ・スター）を目指し、オンステージで素晴らしいサービスを行っているキャストをトップが目撃した場合、トップはそのキャストの所属部門、店舗、氏名、ID カードナンバー、その日の日付と幹部自身の署名を書き入れ、そのキャストに渡す。そのカード 1 枚につき、毎月抽選で非売品のノベルティーが当たるようになっており、5 枚溜まると、現在では年に 2 回行われる「5 スターパーティ」に招待されるようになっている。TDR には、トップが園内を歩いて回って厳しいチェックをするウォークスルーというシステムがある。その際に良いサービスを提供しているキャストを見つけて表彰するという一石二鳥のシステムである（小松田, 2003）。5 スターカードに関して現会長の加賀見氏も著書（2003）で幹部が末端のキャストを温かい目で見ているということを示すコミュニケーションツールと述べている。

● 　スピリット・オブ・東京ディズニーリゾート

キャスト全員を対象に一定期間、キャストからキャストへのメッセージ交換を行う。「○○さんのこういうところが素晴らしい」という内容で相手の良さを褒め称えるメッセージカードの交換であり、キャスト同士で良さを認め合うプログラムであり、毎年このカードをもらったキャストの中から、100 名以上が園内で行われる表彰式で表彰される。評されたキャストは胸にスピリットのバッジをつける事ができ、キャストにとってのステータスとなる（加賀見, 2003）。

４．まとめ

　本章では、TDR のホスピタリティ教育がどのようなものか考察した。よく働くア
ルバイトはこのように育成されている。本章では次の点を明らかにした。

　第１に、TDR はウォルトの経営理念であるディズニー・フィロソフィをディズニ
ー・ユニバーシティで全新人に徹底して教える。特にディズニー・フィロソフィの代
表的な概念 SCSE、ゲスト・キャストなどについて様々なスライドや映像を用いて教
える。TDR は既に多くのファンを得ているため、最初から高コミットメント人材を
採用しやすいことも明らかになった。TDR のゲストとして来場したときから新人キ
ャストの育成は始まっている。ディズニー・ユニバーシティでの新しいキャストに対
する導入教育で、丸一日かけてディズニー・フィロソフィを教え、共感してもらう。
その教育は洗脳といって過言でないほど、ウォルトとディズニー・フィロソフィを肯
定している。

　第２に、TDR のゲスト・キャストという概念は他の企業の顧客と従業員の関係に
対する考え方と異なる。ウォルトの考えでは、キャストはゲストを自分の家のホーム
パーティに招いた大切な招待客としてもてなすのである。

　第３に、TDR はウォルトというカリスマを用いて、洗脳と言っても過言ではない
フィロソフィ教育を行っている。まず新人全員に丸一日かけてディズニー・ユニバー
シティで導入教育を行う。そこでたくさんの顧客とキャストの笑顔、ミッキーマウス
などのキャラクター達の笑顔を繰り返し映し出す。彼らが笑顔でいられるのは幸せ
だからであり、TDR のキャストの仕事は全てのゲストにハピネス（幸せ）を提供す
る事であるとウォルトが笑顔で語りかける。新人はここで働くことは楽しく、意義の
ある事だと感じるであろう。またサービスの質を高めるために従業員が用いる「ゲス
トサービス・ガイドラインカード」に、「ゲストのハピネス（幸福）こそが、私たち
の"東京ディズニーランド"の製品です」と書かれている。そのカードの裏面にはウォ
ルトの笑顔と「ほら、見てごらんよ！こんなにたくさんの嬉しそうな顔をみたことが
あるかい？こんなに楽しんでいるところを・・・。私は一人でも多くの人に笑顔でパ
ークの門から出て行ってほしいんだ」と書かれている。まさにウォルト・ディズニー
を使った洗脳である。このシステムは、有名で人気のあるカリスマ経営者がいる企業
のみ可能となる。

　第４に、TDR の現場は官僚制組織で、スーパーバイザー、ワーキングリードなど
の中間管理職が重要な役割を担っていることが明らかになった。各エリアの責任者

であるスーパーバイザーはキャストの監督・統率を行う。TDR はスーパーバイザーに、キャストが気持ちよく働ける環境を作り、全体を見て組織を強くする事を求めている。

第5に、自己啓発を促すシステムが各種導入されている。TDR が業務上の義務や規則という形で、キャストを従わせることはできるが、命令は反発を招き、TDR に対する忠誠心の低下が懸念される。キャストは TDR のファンだからこそよく働く。

全体的にキャストが「ディズニーが好き」だから成立する育成方法である。ゲストとして TDR に来場したときからアルバイトの人材育成は始まっている。ここまでがキャストの愛社精神が強かった 2000 年代半ばまでの話である。

2014 年に非正規従業員のための労働組合、オリエンタルランド・ユニオンが結成されるほど、キャストの労働条件、雇用環境が悪化しているようである。第Ⅲ部へと続く。

＜参考文献＞

- 加賀見俊夫（2003）『海を越える想像力　東京ディズニーリゾート誕生の物語』講談社
- 木村美絵（2004）『米国ディズニーで学んだ私の宝物』エール出版社
- 小松田勝（2003）『東京ディズニーランド「継続」成長の秘密』商業会
- 小松浩一（2004）『ディズニーランドの超人材活用術』ぱる出版
- 香取信貴（2002）『社会人として大切なことはみんなディズニーランドで教わった』こう書房
- 香取信貴（2004）『社会人として大切なことはみんなディズニーランドで教わったⅡ　熱い気持ち編』こう書房
- 河野英俊（2003）『ディズニーランドの接客サービス』ぱる出版
- 中島　恵（2005）「東京ディズニーリゾートの企業理念共有システムに関する一考察」明治大学大学院経営学研究科　修士論文
- 中村克（2004）『すべてのゲストが VIP　ディズニーランドで教えるホスピタリティ』芸文社
- 西村秀幸（2002）『ディズニーランドとマクドナルドの人材教育術』エール出版社
- 西村秀幸（2003）『東京ディズニーランドに学ぶ社員活用術』エール出版社

- 志澤秀一（2000）『改訂版ディズニーランドの人材教育』ウィズダムブック社
- 芳中晃（2004）『ディズニーランドはなぜお客様の心をつかんで離さないのか』中経出版

短編「キャストの世界観」とは

　前章では、よく働くアルバイトの育成方法を考察した。ここではキャスト達が形成している世界観を考察する。

　ディズニー書籍の多くが「キャストの世界観」である。キャストはゲスト（顧客）へのホスピタリティ志向の強い接客スタイルと精神的な文化コミュニティを形成している。これを中島（2012, 43-46 頁）で「キャストの世界観」と定義した。

　TDR の人材育成は、どれも単純反復作業なので、すぐに覚えてできるようになる。仕事能力の習得は簡単で、短期間で可能となる。そのため人材育成の中核は精神面の育成で、ホスピタリティとモティベーション向上策である。これが洗脳といって過言ではない[31]。

　洗脳されたキャスト達は独特の世界観を形成している。元従業員がキャストの世界観にどっぷり浸ってビジネス書を書いているケースが多い。TDR 勤務経験の無いコンサルタントやジャーナリストがディズニー書籍を書く場合、既存の書籍を参考にしているせいか、勤務経験が無いにもかかわらず、内容が「キャストの世界観」になっているものも散見される。

　TDR の元従業員は自己の体験を書くことができるため、差別化が可能である。2009 年は福島（2009）『9 割がバイトでも最高のスタッフが育つディズニーの教え方』がヒットし、それに伴って「9 割がバイトでも」をキーワードにした書籍が目立った。2011 年は清掃担当のカストーディアル・キャストに絞った書籍が目立った。ただし、これらディズニー書籍はビジネス書か自己啓発書なので、読者が学ぶことと発行部数の達成が出版の目的である。

　ただし元従業員でディズニー書籍を出版している人の多くが<u>経営コンサルタント</u>等として開業していることから、<u>開業前の宣伝</u>とも考えられる。

　アルバイト歴の長い B 氏は「ディズニーのバイトは、どの仕事もみんな簡単ですぐできるようになる。」「導入教育は本当にうまくて、みんな洗脳されちゃうの。特に最後に暗い部屋でビデオを見せられるんだけど、それなんか特に感動する。一生懸命働こうと本気で思った。本気でサービスして本気で喜んでほしいと思った。」と述べ

---

[31] B 氏にインタビュー

ている。そのビデオとは、精神面の人材育成の最終段階で行われるビジュアル教材である（第2章参照）。

　なお、TDRのキャストのコミュニティは独特で、洗脳度合いの高いキャストから低いキャストまで多岐に渡る。洗脳度合いの低いキャストは冷めていて、キャストの世界観にどっぷり浸からず、仕事としてこなしている。ホスピタリティに対して情熱的な洗脳度合いの高いキャストにとって、洗脳度合いの低い冷めたキャストは腹立たしい存在で、キャスト同士で教育しあう。このキャスト同士の教育は「キャストの世界観」が主題の書籍で頻繁に見られる（例えば、香取, 2002, 2004, 加賀屋, 2005）。洗脳度合いの低いキャストが生きにくい環境をキャスト達が作っている。そこに勤務し続けたければ、キャストの世界観を受け入れ、洗脳度合いを上げるしかない。

　前出のB氏によると、キャストは楽しそうに働いているように見えるが、ゲストに見せる態度とは違う様々な苦労がある。キャストは圧倒的に女性が多い。キャストは18歳以上高校生不可（開業当初は高校生可）であるため、18歳から20歳代半ばまでの女性が大多数である。20歳代後半であっても29歳までは問題なく若年キャストになじめる。30歳代から50歳代のキャストも少数ながらいて、彼らは独特の「ディズニー好きのオーラが出ているから若い人になじめる。」とB氏は言う。

　B氏によると、そのような彼らの人間関係は女子校に似た組織文化である。そこに一部の男性キャストと「キャストの世界観」が加わって特殊なコミュニティを形成している。人間関係が難しいことがしばしばある。また洗脳度合いの高いキャストが洗脳度合いの低いキャストを攻撃することがある。例えば、ディズニールックといわれる地味な服装や髪型の規定があり、若くお洒落な女性ならあまり守りたくないいでたちである。黒髪に薄化粧である。少しでも派手だと、「あの子、ケバイよね。」と悪口を言われると言う。ディズニールックを遵守していることをグッドショー（Good Show）、それに違反していることをバッドショー（Bad Show）と言う。TDRではゲストが見るもの、聞くもの、体験すること全てがショー（Show）である。ディズニールックに違反していると他のキャストに「バッドショーだよ」と言われると言う。職場で本人に直接そのような攻撃的な注意をすればその後気まずくなる。それをもろともしないのか。このように、地味なディズニールックを受け入れないお洒落なキャストを他のキャスト達が牽制している。彼らはアルバイトを始めた順に先輩で、序列が形成されている。このように、ある一定以上の度合いで洗脳されていないとキャ

ストして生きにくい組織文化である。キャスト同士でそのようなことを強く、はっきりと指摘し、教育し合う組織文化は元アルバイトの著書にもたびたび見られる。

　この人材育成方法はアメリカから導入されている。フロリダ州のディズニー・ワールドで働いた経験から『米国ディズニーで学んだ私の宝物』を執筆した木村（2004）は「キャストの世界観」そのものである。アメリカのキャストも同様の世界観を形成している可能性がある。また日本のディズニーストアと米ディズニー・ワールド内のディズニーストアに勤務した加賀屋（2005）も『働くことの喜びはみんなディズニーストアで教わった』で同様の世界観を形成している。そのためディズニー・ワールド全体で同様の世界観を形成していると考えていいだろう。

　なお「キャストの世界観」を否定しているのではない。全社的にそのような人材育成システムを構築し、組織文化を作り上げたオリエンタルランドの能力は極めて高い。TDR の持続的競争優位の一因はキャストのホスピタリティにあるだろう。

　筆者はフランスのディズニーランド・リゾート・パリと香港ディズニーランドを訪れたことがある。両方ともキャストのホスピタリティの低さに愕然とした。アメリカの同じ人材育成システムやホスピタリティ教育を導入しているはずなのに、なぜこれほど TDR とキャストの質が違うのだろう。ディズニーランド・リゾート・パリと香港ディズニーランドに行けば分かるが、TDR のキャストは世界一素晴らしい。アメリカのディズニー社で 20 年以上会長兼 CEO を勤めたマイケル・アイズナーも、東京のキャストが世界で一番素晴らしい、我々はもう教えることは何も無く、逆に教えて欲しいと発言している。フランスと香港のキャストには、ゲストにホスピタリティを提供して喜ばれることでモティベーションを上げる東京のキャストを見習ってほしい。フランスも香港も入場料は高額である。これなら東京に行った方がお得だったという感想になるだろう。筆者がフランスと香港のディズニーランドに行ったときの感想がそれである。それで空いているならともかく、ディズニーランド・リゾート・パリは東京並みに混む。「ユーロディズニー失敗説」が強いが、飲食と物品販売が伸びず、売上高が低いだけである。

　ユーロディズニー失敗説とは、ユーロディズニーは失敗とされているが、ユーロディズニーの開業初年度（1992 年度）の入場者数は 1,500 万人と、2010 年代の TDL や TDS より多いか、同じくらいである。TDL 開業年度の 1983 年の入場者数は 1,000 万人強であった。ユーロディズニーは世界トップクラスの集客力である。それなのに

これほど「ユーロディズニー失敗説」が根強いのはなぜか。その一因は、ヨーロッパ人が飲食と物品販売にそれほど支出しないため、顧客単価が低く、ユーロディズニー全体の売上が低いからであろう。ヨーロッパ人はアメリカ人ほど飲食に支出せず、日本人ほどディズニーグッズやお土産を買わない。そのため入場料収入以外が少ないのであろう。ユーロディズニーを経営するユーロディズニーS.C.A.は売上に占める入場料、飲食等の割合を公表していない。実態以上にユーロディズニー失敗が有名で信憑性あることを「ユーロディズニー失敗説」と中島（2013, 第 4 章）で定義した。実際のユーロディズニーは失敗説でイメージするほどの失敗ではない。

　話はキャストの世界観に戻る。筆者はディズニー書籍をビジネス書や自己啓発書として否定していないことを再度強調したい。またエンターテイメント作品としての読み物、エッセイならば十分な内容である。

　この点については第 3 章で書くが、本を売るためにキャストとゲストの感動物語に仕上げている可能性が高い。「キャストの世界観」は出版社と著者が戦略的に書き上げた世界観の可能性もある。オリエンタルランドにとっては素晴らしい宣伝効果である。

＜参考文献＞
● 加賀屋克美（2005）『働くことの喜びはみんなディズニーストアで教わった』こう書房
● 香取信貴（2002）『社会人として大切なことはみんなディズニーランドで教わった』こう書房
● 香取信貴（2004）『社会人として大切なことはみんなディズニーランドで教わったⅡ　熱い気持ち編』こう書房
● 木村美絵（2004）『米国ディズニーで学んだ私の宝物』エール出版社
● 中島　恵（2012）『テーマパーク産業の形成と発展』三恵社
● 中島　恵（2013）『ディズニーランドの国際展開戦略』三恵社
● 福島文二郎（2009）『9 割がバイトでも最高のスタッフが育つディズニーの教え方』中経出版

第 3 章　東京ディズニーランド開業期の人材育成
-アルバイトの人材の質の変化-

1．はじめに

　東京ディズニーリゾート（以降 TDR）のキャスト（アルバイト）の質の高さから、彼らの人材育成が注目されている。特に日本のサービス業界でアルバイトの戦力化と言う点で注目され、多くの書籍が出版されている。それらの書籍の著者には TDR 勤務経験者が多い。彼らは現在経営コンサルタント等の肩書きで企業の人材育成や研修を行っていることが多い。つまり企業は TDR のアルバイト経験者に人材育成や研修を依頼している。しかも驚くことにその依頼は筆者のところにも来た。2014 年にある企業がホスピタリティ産業に新規参入することになり、TDR のキャストのような接客を目指そうと考えた。その企業は筆者が TDR でアルバイトか正社員として働いた職歴があると思ったので、ディズニー流のホスピタリティ指導をしてほしいと依頼してきた。筆者に TDR 勤務歴は無い。アルバイトも正社員も。

　筆者は大学院修士課程の時から現在まで TDR の人材育成、経営戦略などを研究してきた。職務上知り合った D 氏にそのように自己紹介したら、D 氏から TDR の人材育成ブームに対する反対意見を受けた。現在 50 歳代の D 氏は大学時代（1987～1988 年）に東京ディズニーランド（TDL）でアルバイトを経験した。D 氏は現在ほど人材育成に力を入れなくてもいいアルバイトが育つ時代であったこと、TDR の問題と言うより若年アルバイト人材の質が変化したことが根底にあると考えている。開業期にアルバイトをしていた D 氏は現在これほど TDR のアルバイトの人材育成が注目され、賞賛されていることに納得いかないと言う。つまり TDR のキャストが世間からチヤホヤされすぎているということである。

　本章では、D 氏へのインタビュー調査から TDL 開業期の人材育成をアルバイトの質の変化に着目して考察する。研究方法は非構造的インタビューである。D 氏に自由に語って頂くことで、筆者が事前に予測しないことを引き出せることを期待する。

2．インタビュー調査概要

調査実施日時：2015 年 7 月 28 日 16：00～17：00
場所：東京経営短期大学（千葉県市川市）
インタビュワー：中島　恵（筆者）

インタビュイー：D氏

＜D氏の属性＞
・1960年代生まれ、女性
・千葉県内に実家
・TDL勤務期間：1987年夏から1988年冬まで
・雇用形態：アルバイト（夏だけ、冬だけなど期間アルバイト。現在は無い雇用制度）
・配属：ワードローブ（キャストの制服を管理する部署）
・当時の本業：大学生
・現在の職業：専門職

インタビュー内容

　非構造的インタビューでD氏に自由に話していただいた。筆者の予備知識が無い情報を得るために有効である。

　ウォルト・ディズニーの造語で、顧客の目に見える部分が「オンステージ」、顧客から見えない部分が「バックステージ」で明確に区別されている。顧客をゲスト、従業員をキャストと言う。しかし本章では、オリエンタルランドの社内用語ではなく、一般的な用語の顧客、アルバイト等を用いている。

● **当時のアルバイトの給与**

　当時は時給600円くらいの時代でしたが、ディズニーランドでは800円くらいでした。人（入場者）が多く入ると大入り袋が出ました。でもその大入り袋の中身は100円玉一枚でした。

● **アルバイトに多い居住地**

　当時一緒に働いていた人はほとんど近所に住んでいる人でした。当時の浦安は今と違って何も無かったので、何も無いところに急に働く場所が出現した感じです。

● **マニュアルと人材育成**

　当時はマニュアルが無かったので自然な接客でした。自然にこうするのがいいと思った方法で接客していました。セブンイレブンでバイトした時も接客にうるさく

なかったです。今のディズニーには「あなたは頑張りました」というカードがあるらしいですけど、当時はそんなのありませんでした。それが無くても皆それなりに頑張って働いていました。会社（オリエンタルランド）の問題ではなく、働き手の質が変わったからモティベーションを上げる必要が出てきたのだと思います。今はバイトのことを準社員[32]と言いますけど、昔は準社員というのはバイトの管理をする人でしたよ。高度成長期は仕事中心でしたが、1980年代は趣味や家庭を楽しもうとする時代に変わってきました。そこにディズニーランドができたんですよ。タイミングはちょうど良かったと思います。もっと早くできていたら集客が難しかったと思います。

● ワードローブという部署

　私の部署はワードローブでした。一般の人は知らないと思います。ワードローブはキャストのコスチューム（TDRでは制服をコスチュームという）を管理する部署です。バイトは仕事前に必ずワードローブに来て、コスチュームを受け取ってそれを着て仕事に出るんです。だからワードローブは全ての人と会って話すんですよ。絶対ワードローブは楽しいですよ。ワードローブ以外の人は同じ部署の人としかほとんど関わらないと思います。

　ワードローブは体育館くらいの広さで、図書館のように棚が並んでいて、ロケーションごと、種類ごと、サイズごとに並べてありました。ワードローブに来た人が、例えばホーンテット・マンションの女性のコスチュームの○○サイズとか言うんです。私たちはそれがある所まで急いで行って取ってきて、カウンターにいるその人に渡すんです。体育館くらいの広さの所をずっと歩いているし、すごく忙しいので、すごく疲れる仕事ですよ。

● 若年労働者の質の変化

　1980年代と今では時代背景が違います。今の世代は最初から輝くために働こうとしますよね。でも私たちの世代は輝くために働きませんでしたよ。輝きは結果です。それに当時は即戦力を求めず、今は使えないけどそのうち使えるようになるだろうと考えていました。今は即戦力を求めていて、すぐに使えないと言いますよね。昔は働くなら素直に働いていました。昔はどこの会社も人材育成にすごく力を入れてい

---

[32] 現在オリエンタルランドで「準社員」とはアルバイトのことである。

ましたよ。首にして新しい人を雇うよりも良かったんです。権利だけ主張する人はいなかったですよ。権利と義務がセットでした。労働者の権利なんて誰も主張してなかったけど、ディズニーでそんなにひどい記憶は無いですよ。

今のような人材育成とか教育のようなものはありませんでした。マニュアルも無くて自由にやっていました。それでも皆それなりに真面目に働いていました。今のディズニーの人材育成はすごいですよね。ということは、そこまで育成しないと駄目な若者に変わってことですよね。

● バックステージの仕事
19時からのパレードは14〜15時くらいから準備していました。ワードローブ隣にダンサーがいたんです。キャラクターの中に入る人はダンサーとは別です。ダンサーはどのキャラクターか決まっていなくてシフト制でしたよ。すごく忙しいので、シンデレラが社員食堂で定食を食べているのを見ました。

植栽という仕事があって、庭師が夜中に庭などをチェックしていました。川の中の落とし物もチェックしていました。ワードローブの隣にあったクリーニングの部署は、コスチュームを洗ってアイロンをかけます。ディズニーはすごく仕事の種類が多いのに一部の仕事しか紹介されていません。

● 大人になってから急にディズニーランドが出現
私の子供の頃はキャラクターといえばディズニーよりもサンリオでした。キティちゃんとかキキララの方がしっくりくる時代でした。ディズニーといえば、絵本のバンビや白雪姫、ダンボでした。アニメでアメリカ製といえばポパイでした。私たちの世代は子供の頃からディズニーにさらされていませんでした。

私たちは子供の頃にディズニーランドが無くて、大人になって急に出現したんです。だからディズニーに行ったことが無い人の方が多かったんですよ。当時あの金額をテーマパーク一回にかけられる人はご年配の人が中心でした。当時一日に一人5,000円くらいだったと思います。バブル前は慎ましやかな生活でしたよ。当時は企業の役員にチケットが配られていたんです。ご年配の人はスペースマウンテンでディズニーランドが嫌になったんですよ。今スペースマウンテンは若い人から大人気ですけど、当時は客層も違いました。今の人は子供の頃からディズニーランドがあって、ディズニーで働きたいと思ったんでしょうね。今では中学高校生が友達同士でデ

67

ィズニーに行きますよね。昔は子供がその金額を一日の遊びに使うのは考えられな
かったです。今の若者は親がディズニーに行ったことがあるので、ディズニーの良さ
を知っているんです。でも昔の親はディズニーの良さを知らないんです。それに当時
はインターネットが無いから、情報は TV、雑誌、口コミだけでした。

　バイトしていた当時はディズニーの将来の成長に興味ありませんでした。拡張す
ると聞いていたし、二つ目のディズニーランドができると聞いていました。アメリカ
にもっと大きいディズニーランドがあるとも聞いていました。でもそんなに行きた
いとは思いませんでしたね。

● 　当時の普通の遊園地との差異

　ディズニーランドができる前の千葉県で遊園地といえば谷津遊園[33]が普通の遊園
地でした。谷津遊園と検索すれば出てきますよ。当時は入場料が数百円で、乗りたい
乗り物だけ別にチケットを買って、それぞれ数百円でした。おやつも 100 円以内で
買えるお菓子が普通でした。だから一日で 5,000 円くらいかかるディズニーは値段
が別格でした。

● 　バックステージで働くことの魅力

筆者「私の友人（第 2 章の B 氏）がディズニーで長くバイトをしていたのですが、
『ディズニーのバイトはオンステージでなんぼ。バックステージ専門ならディズニ
ーで働く意味がない』と言っていました。どう思われますか。」

　オンステージでなんぼと言う人はバックステージで働いて比べたことが無いです
よね。ワードローブは全分野の人と話せて楽しかったです。当時はバイトでも終身雇
用の影響か愛社精神があって、働いているところは良いところだと思いながら働い
ていました。その人はそういう考えなんでしょうね。ディズニーにお客さんとして行
って好きになった人はそうなんじゃないですか。その人はディズニーの世界の見え
る部分が大好きなんでしょうね。ワードローブは全部門の人の話が聞けるので社会
勉強になるし、楽しかったです。ワードローブにコスチュームをもらいに来て、みん
な「内勤は楽でいいなあ」と愚痴ってましたよ。

---

[33] 谷津遊園 HP　2016 年 4 月 20 日アクセス　http://yatsuyuuen.okoshi-yasu.com/

● キャスト同士での人材育成や叱咤激励、叱責はあったのか

筆者「キャスト同士で熱い思いを語ったり、説教めいたことを言いますか。元アルバイトが書いた本には、先輩アルバイトに諭されたこと、怒られたこと、それらの痛い経験から学んで人間として成長したことなどが熱く書かれています。」

いいえ、当時は違いますよ。仕事に責任を持っていたけど、そこまではしませんでした。中島先生（筆者）はディズニーに結びつけて考えたいのでしょうけど、仕事全般に対する考えはどこも同じでしたよ。終身雇用なのでその会社が良いと思うしかなかったです。ディズニーだけ特別ではありませんでした。

3．発見事項と考察

D 氏へのインタビュー調査から次の点が明らかになった。

(1) バックステージの仕事の重要性と遣り甲斐

バックステージ専門の部署での勤務経験者が書いた書籍は現在まだ無い。バックステージ専門は不人気部署である。バックステージ専門では「ディズニーでバイト」している気になりにくいだろう。

TDR の従業員「キャスト」は、ゲスト（顧客）へのホスピタリティ志向の強い接客スタイルと精神的な文化コミュニティを形成している。これを前著（2012, 43-46頁）で「キャストの世界観」と定義した。キャストの仕事はどれも単純反復作業であるため、すぐに覚えてできるようになる。そのため仕事能力の習得は簡単で、短時間で可能である。そのため TDR の人材育成の中核は、精神面の育成とモティベーション向上策である。これが洗脳といって過言ではない。洗脳されたキャスト達は独特の世界観を形成する。

現在盛隆のディズニー書籍は、元従業員がキャストの世界観にどっぷり浸ってビジネス書を書いているケースが多い。そうすると本のタイトルは、『社会人として大切なことはみんなディズニーランドで教わった』（香取, 2002）、『働くことの喜びはみんなディズニーストアで教わった』（加賀屋, 2005）、『米国ディズニーで学んだ私の宝物』（木村, 2004）、『ディズニーの絆力』（鎌田, 2012）、『ディズニーであった心温まる物語』（東京ディズニーランド卒業生有志, 2013）となる。

B氏はTDLが成功してからゲストとして来園してディズニーファンになった。B氏はたまたま浦安市に生まれ育ったことも手伝って、大学1年生から27歳までTDR内の各部門でアルバイトをした。B氏にとって「ディズニーのバイトはオンステージでなんぼ」であるが、大人になってからTDLが突然出現して雇用が創出されたD氏にとっては、バックステージでも嫌ではない、それどころかバックステージで働くことの魅力を自力で見いだし、それなりにアルバイト労働を楽しむことができたのではないか。

筆者のもとにTDRに就職したい高校生・大学生から相談が寄せられる。彼ら彼女らは全員オンステージ、それも人気アトラクション勤務の正社員を希望している。オープンキャンパス等に参加する女子高校生は自力で何も調べてないようで、正社員として人気アトラクション（例えば「プーさんのハニーハント」）で働きたいと言う。しかしオンステージの仕事はほぼ100％アルバイトである。そこからオリエンタルランドの正社員への登用は狭き門である。大学1年次の前期の学生は高校生とそれほど変わらない。しかし大学3年生以降になると、オリエンタルランドの正社員は人気がありすぎて採用されることを前提に就職活動できないことに気づいている。これらの若年者は全員いわゆるディズニーマニアである。ディズニーマニアとは熱狂的なディズニーファンである。「キャストの世界観」の書籍を多く読んでいれば良い方である。TDRオンステージの魅力に絆されてTDRのキャストになろうとする人は、TDRの魅力が知れ渡ってからの世代である。魅力が知れ渡る前、来園する前にアルバイトを始めた世代とは心構えが違うことが明らかになった。

(2) 若年労働者の質の変化と終身雇用の影響

D氏がアルバイトをしていた1987〜1988年はバブル初期である。その頃の日本企業は終身雇用であったため、自分が働く会社は良い会社だと思うしかなかった。D氏はアルバイト雇用でも終身雇用の影響を受けていた。それ以前に、TDRに今のような人材育成の施策は無く、自由に働いていたが、多くのアルバイトはそれなりに良い働きを見せていた。

そこから次のように推測できる。第1に、少子化で子供が家で両親、祖父母、曾祖父母、叔父叔母から大事にされすぎている。子供は自己重要感と選民意識を強めすぎる。自己重要感を家庭で強めるものの、外に出ると他人から重要人物と扱ってもらうことはほとんど無い。勤務態度にも不平不満が出る。オリエンタルランドは新人アル

バイトの人材育成に力を入れるしかなくなった。第 2 に、終身雇用の影響でアルバイトでも今働いている会社の良さを見つけて好きになろうとする時代であった。企業も今のようにブラック化していなかった。安心して企業に収入や生活を委ねることができた。

　そのような背景からオリエンタルランドは様々なモティベーション向上策を増やしてきたのだろう。例えば、①ウォークスルー、②ファイブ・スター、③スピリット・オブ・東京ディズニーリゾートである。

　①ウォークスルーとは、ウォルト・ディズニーの造語で役員が園内を歩き回って視察することである。TDR にはトップが園内を歩いて回って厳しいチェックをする施策である。オリエンタルランドのトップマネジメントがキャストを直接動機づけするために行われている（加賀見, 2003）。

　②ファイブ・スターとはサービスの五つ星を目指す施策である。TDR はサービスの 5 つ星（ファイブ・スター）を目指している。ウォークスルーの際に良いサービスを提供している従業員を見つけて表彰する施策である。トップがキャストを温かい目で見ているということを示すコミュニケーションツールでもある（加賀見, 2003）。オンステージで素晴らしいサービスを行っているキャストをオリエンタルランドのトップが目撃した場合、トップはそのキャストの所属部門、店舗、氏名、ID カードナンバー、その日の日付とトップ自身の署名を書き入れ、そのキャストに渡す。そのカード 1 枚につき毎月抽選で非売品のノベルティーが当たり、5 枚貯まると年に 2 回行われる「5（ファイブ）スターパーティ」に招待される（小松田, 2003）。

　③スピリット・オブ・東京ディズニーリゾートとはキャスト全員を対象に一定期間、キャスト同士メッセージ交換を行う行事がある。「○○さんのこういうところが素晴らしい」という内容で相手の良さを褒め称えるメッセージカードを交換する。キャスト同士で良さを認め合う施策であり、キャスト同士のコミュニケーションである。そしてこのような行事をコンスタントに行う。毎年このカードをもらったキャストの中から 100 名以上が園内で行われる表彰式で表彰される。表彰されたキャストは胸にスピリットのバッジをつける事ができ、これがキャストにとってのステータスとなる（加賀見, 2003）。

　D 氏がアルバイトをしていたバブル初期（1987〜1988 年）にはこのような施策は無かったことが明らかになった。D 氏によると、そこまで企業がアルバイトのモティベーション向上策を講じなくても、若年アルバイトは責任もって働いていた。TDR

に限らずコンビニエンスストアなど他のサービス業のアルバイトも今ほどマニュアルで縛られず、自由に良いと思うように接客していた。TDRだけサービス業のアルバイトで特別扱いされるようになったことがおかしい、チヤホヤされ方が異常だとD氏は言う。

(3) 仮説①：若年労働者と企業の質の変化

　本章では、ディズニー書籍でほぼ出てこないバックステージ専門の部署の重要性、盲点な楽しさ、遣り甲斐が明らかになった。華やかな部門でなくても、アルバイトでも、仕事の魅力を見つけて楽しむことができる人がいる。現在ではTDRにゲストとして行ったことがある人がアルバイトするため、オンステージのみ強調される。そのためオンステージの人気部門（アトラクション等）では優秀な人材を獲得できるが、不人気部門（駐車場など）では優秀な人材を獲得しにくいだろう。ディズニー書籍を書く人はバックステージ専門の部署の魅力も書けばいいと思う。それではインパクトが弱いのか。

　D氏の時代は終身雇用で多くの日本人が企業を肯定的に捉え、好ましいもの、愛するもの、企業のために働くものという意識があったが、バブル崩壊後、徐々に企業に尽くすことを美徳としない職業観の持ち主が増えていったのだろう。

　質が変化したのは若年労働者だけではない。企業の質も変化した。当時は若年者を雇い、定年まで正規雇用する気でいた。そのためアルバイトであってもそれなりに大事に扱っていたようである。今の日本企業はアルバイトを短期間で使い捨ててもいいような気持ちで雇っているのではないか。企業と従業員の気持ちが乖離した。労働者は企業を利用して一時的に稼ぎ、企業は労働者を利用して必要なときだけ雇用するようになったのではないか。TDRはアルバイトの人材育成を地道に行っているから注目されているのだろう。

(4) 仮説②：「キャストの世界観」は経営コンサルタントの営業手段

　ここに別の仮説が成り立つ。それは、ディズニー書籍の著者の多くが経営コンサルタント、研修講師などの肩書きでフリーランスや自営業、個人事業主として仕事をしている。彼らは本と名前を売り、経営コンサルタントや研修講師としての付加価値をつけようとする。そこで読者に受けるよう大げさに装飾した「キャストの世界観」を書いたのではないか。実際のアルバイト達は「キャストの世界観」の書籍ほど大げさ

ではないのかも知れない。「社会人として大切なことはみんなディズニーランドで教わった　〜熱い気持ち編〜」「働くことの喜びはみんなディズニーストアで教わった」「米国ディズニーで学んだ私の宝物」という表現は、実際の大半のキャストには大げさすぎるのではないか。これはビジネス書として売れるために著者と出版社が一般受けするように書いたのではないか。ここまで熱い気持ちを持ったキャストは洗脳度が極めて高い。彼らは平均的な洗脳度のキャストではないだろう。それを調査するために今後フィールドワークが必要である。フィールドワークとはその場に出向いての調査である。

４．まとめ

　本章では、D 氏へのインタビュー調査から TDL 開業期の人材育成をアルバイトの質の変化に着目して考察した。研究方法は非構造的インタビューである。インタビューイーは 1987〜1988 年にバックステージ専門の部署、ワードローブでアルバイトをしていた D 氏である。

　D 氏へのインタビュー調査から、①これまでオンステージのキャストばかりが注目されていること、②バックステージ専門の部署は注目されないが、遣り甲斐や魅力があること、③当時の若年労働者は終身雇用の影響でアルバイトでも愛社精神を形成し、自分が働いている会社はいい会社、自分の職場はいいところと思い込み、仕事を嫌なものにしなかったこと、④バブル崩壊後、若年労働者の質が変化したため、企業は全社的な人材育成に力を入れる必要が生じたことが明らかになった。

　また極端な「キャストの世界観」は経営コンサルタントとして仕事を得るための宣伝の可能性が出てきた。大半のキャストはそこまで洗脳されていないのではないか。彼らのように書籍を出版する人だけが異常に洗脳されているということは、経営コンサルタントや研修講師をしている人の宣伝ではないか。元ディズニーを売りにしたコンサルタントや研修講師が飽和しているという情報が筆者のところに寄せられている。企業に営業しても仕事を得にくくなっているようである。

　今後は、バブル期までに TDL でアルバイトを経験者した人、バックステージ専門の部署のアルバイト経験者のサンプルを増やしたい。

＜参考文献＞

- 加賀屋克美（2005）『働くことの喜びはみんなディズニーストアで教わった』こう書房)
- 鎌田　洋（2011）『ディズニーのそうじの神様が教えてくれたこと』ソフトバンククリエンティブ
- 香取信貴（2002）『社会人として大切なことはみんなディズニーランドで教わった』こう書房
- 香取信貴（2004）『社会人として大切なことはみんなディズニーランドで教わったⅡ　熱い気持ち編』こう書房
- 木村美絵（2004）『米国ディズニーで学んだ私の宝物』エール出版社
- 志澤秀一（2000）『改訂版ディズニーランドの人材教育』ウィズダムブック社
- 中島　恵（2012）『テーマパーク産業の形成と発展－企業のテーマパーク事業多角化の経営学的研究－』三恵社
- 中島　恵（2014）『東京ディズニーリゾートの経営戦略』三恵社
- 福島文二郎（2010）『9 割がバイトでも最高のスタッフが育つディズニーの教え方』中経出版

短編　TDR のキャストに採用されやすい人材の特徴

　本編では、東京ディズニーリゾート（TDR）のキャストという名のアルバイトに採用されやすい人材の特徴を考察する。

　TDR のキャストは人気のアルバイト先で、希望者が殺到し採用されるのが難関と1990 年代から言われていた。どのうな人がキャストに採用されやすいのか。第 2 章に出てくるオリエンタルランド正社員の A 氏とアルバイト歴の長い B 氏にインタビューを行ったときに併せてお聞きした。正社員の A 氏にはどのような人材をキャストに採用するのか、および採用したいのか、B 氏には実際にどのような人材がキャストに採用されているのかをお聞きした。

　このような疑問を筆者が持つようになったのは「ディズニーでバイトしようとしたけど落ちた」という話をよく聞いたからである。「容姿端麗な人が採用されるらしい」という噂も何度か聞いた。実際はどうなのか。

　B 氏は新浦安駅（舞浜駅の隣駅）徒歩圏の実家に住む。B 氏は大学 1 年次からの長いアルバイト歴の中で次のように言う。「ディズニーのバイトの交通費の最高額は月 5 万円だから広い範囲からバイトを集めようとしているの。でもどう考えても浦安周辺の人が優先的に採用されているよ。そうとしか思えない。」「男女比は 3：7か 2：8 くらいで、女性が多い職場」「一番人気は断トツでアトラクション担当。アトラクションを希望したら落ちるよ。実際にアトラクションでアルバイトしている人は運が良いだけだよ」と言う。

　B 氏はアトラクションを希望したときは落とされた。それで TDL 入口のチケット切りという不人気部門を希望したら採用された。その後も不人気の駐車場にしたら採用された。採用されるためには不人気部門を希望することを B 氏は勧める。「贅沢言っちゃ駄目だよ」と。しかし B 氏は「ディズニーでのバイトはオンステージでなんぼ。バックステージ専門ならディズニーでバイトする意味が無い」と言う。容姿端麗な人が採用に有利だと言う噂に関して B 氏は「そうかなあ。中に入ってみれば分かるけど、絶対そんなことないよ」という。

　正社員の A 氏は次のように言う。「浦安周辺の人が優先的に採用されているというのは本当です。でも浦安市にあるから市民を優遇しているのではありません。朝一

番早くオープンするときは朝8時開園なので、一番早く入るキャストは朝5時45分入りになります。夜一番遅くまで営業している時は22時閉園なので、一番遅くに上がるキャストは深夜12時過ぎに上がります。朝5時45分入りでも電車があって、夜12時過ぎに上がっても電車がある人を採ります。だから結果的に浦安周辺の人が多く採用されています。」容姿端麗の噂に関して「容姿端麗は嘘です」と言う。

　従業員用の駐車場や駐輪場は無い。TDR内にある駐車場・駐輪場はゲスト用である。キャストは自転車やバイクでの通勤を禁止されている。公共交通機関や徒歩での通勤になる。それで5時45分入り、24時過ぎ上がりに対応できる人が採用されやすい。

　それに関して、ユニバーサル・スタジオ・ジャパン（USJ）を運営する株式会社ユー・エス・ジェイの正社員に筆者がこの話をしたところ、USJでも全く同じという。USJも朝一番早くオープンする時が8時開園で、夜一番遅くまで営業しているときが22時閉園である。そうすると最も早いクルー（USJではアルバイトをクルーという）が朝5時45分入り、夜24時過ぎ上がりである。USJでも自転車やバイク通勤が禁止されている。それが可能な地域に住んでいる人が多く採用されている。

　なお、多くの学生が希望する夕方から夜までのアルバイトは基本的に無い。B氏によると「ディズニーのバイトは早番と遅番の二交代制で、それぞれ営業時間によって1日に7時間か8時間入るの。早番は朝一からで、遅番は夜最終まで」と言う。

　筆者は大阪観光大学の専任講師時代、「USJでバイトしたい」という何人かの学生から相談を受けた。または事後報告を受けた。大学生は授業が終わった夕方から夜の最終までの勤務を希望する人が多いが、その時間区分のアルバイト雇用は今のところ無い。

　筆者の推測であるが、それだけ大きい組織のアルバイトのシフトを組むのは非常に大変な仕事である。巨大なパズルである。早番・遅番の二交代制シフトを組むのだけで精一杯だろう。

　USJのアルバイト採用に関して、大阪観光大学の学生から次のような情報が入った。和歌山県在住のある学生がUSJのアルバイト面接で「最終の電車は22時30分です」と言ったら不採用になった。22時30分の電車で帰宅するには、22時に上がる必要がある。22時までが勤務時間だとすると、アルバイトであってもその時刻に

上がれるほど日本企業は甘くない。ドイツの企業では17時閉店と書いてあれば、17時に従業員が全ての支度を終えて帰宅すると言う意味である。日本は労働者に優しくない。この学生はさらに「土曜日はゼミ活動があるので入れません」と言った。夜最終まで働けず、土曜に入れない。サービス業ではこの人をアルバイトに雇うメリットが無い。また奈良県在住の学生が「土曜日は別のバイトがあるので入れません」と言ったら不採用になった。採用されるためには、土日祝日は朝から最終まで入れると言おう。面接では言うだけでいい。実際はシフトの希望を出すときに調整できる。

　面接はその人の都合を聞く場ではない。土日祝日を中心にアルバイト可能な人を選ぶ場である。アルバイト希望者は選ばれる立場にあり、USJ は選ぶ立場にある。少子化で一人ひとりが優遇されすぎているせいか。ゆとり世代のせいか。働くと言うことのコンセプトを認識しよう。

　換言すると、どこの会社でも能力の高い人、サービス精神豊かな人、笑顔のいい人をアルバイトとして採るのではない。それらは採用後に訓練できる。勤務中の本人の心遣い次第である。それほど訓練が必要な仕事能力ではない。それよりも、使い勝手のいい人を採用するのである。USJ に限ったことではない。どこの会社でも使い勝手のいい人を採用する。

　2000 年代に入ってからサービス業が成熟化し、顧客の目が肥え、人件費削減からアルバイトでも正社員並みの仕事を負わされるようになっている。TDR では各アトラクションや店舗の店長（ワーキングリードという名称）もアルバイトである。新人アルバイトの訓練をする人もアルバイト（トレイナーという名称）である。

　TDR で 2〜3 年以上のアルバイト歴があり、アルバイトの管理職（ワーキングリード）や人材育成（トレーナー）の職歴があれば、サービス業への就職で有利になると聞いたことがある。特にホスピタリティ重視の現場への採用に有利になるケースがある。

第Ⅱ部　海外編

第4章　ディズニー社のレイオフとストライキ
－二大経営者ウォルト・ディズニーと
マイケル・アイズナーの思想比較－

1．はじめに

　本章では、ディズニー社のレイオフ（一時解雇）とストライキ（労働争議）という労働問題を考察する。第1に、具体的にいつどの部門で何人がレイオフされたのか、ストライキを起こしたのか時代を追って考察する。第2に、同社の二大経営者であるウォルト・ディズニーとマイケル・アイズナーの思想を比較し、従業員に対する考え方を明らかにする。

　日本と違ってアメリカのディズニーランドではレイオフとストライキが行われている。アメリカではディズニーランド内の一部で従業員がピケットラインを張り、偽物のミッキーマウス等の衣装を着て、レイオフ反対、給料上げろ等のプラカードを持って活動し、そこをディズニーランドの入場者が見て通り過ぎ、マスコミがその様子を報道する。ディズニー社のレイオフとストライキは、テーマパーク部門だけではなく映画等の部門でも起こっている。

2．ディズニー社の概要

　ディズニー社は主要5部門、①メディア・ネットワーク（ABCテレビ）、②パーク＆リゾート（テーマパーク）、③スタジオ・エンターテイメント（映画製作）、④消費財（ディズニーグッズ製造販売）、⑤インタラクティブ・メディアを擁する巨大メディア・コングロマリットである[34]。

　ディズニー社とその連結子会社で<u>約16万6,000人の男性・女性</u>が雇用され、<u>約12万4,000人が米国内、約4万2,000人が米国外</u>で雇用されている。ディズニー社に雇用されているパートタイマー（アルバイト）は約2万6,000人である。米国内の<u>非労働組合員は約5万2,000人、労働組合員は約7万2,000人</u>である。ディズニー

---

[34] The Walt Disney Company HP「Company Overview」2013年5月9日アクセス
http://thewaltdisneycompany.com/about-disney/company-overview

社の米国外すべての国における労働組合員の人数について入手する手段はなく、その組合員数に係る情報を提供することはできない[35]。

ディズニー社の創業者はウォルト・ディズニー（1901−1966年）とその兄ロイ・ディズニー（1893−1971年）である。ウォルトは最初アニメ映画監督で、数々のヒットアニメのコンテンツを用いてテーマパーク事業に多角化した。ウォルトは芸術家肌で創造的業務のリーダーとしてアニメーター達を鼓舞し、牽引した。兄ロイ・ディズニーは法務、財務、経理、広報、営業などを担当し、ビジネスマン達を束ねた。

3．ウォルト・ディズニー時代のストライキ

ウォルトは1901年生まれで1966年に肺癌で急死した。ウォルト時代のディズニー社は<u>近代家族経営企業</u>であった。近代家族経営企業とは自営業、家族経営企業のところに従業員を雇っていると考えていい。家族愛や従業員との友情などに支えられている。事業の成功に伴い従業員数が増えて大きい企業に成長していった。ウォルト時代は近代家族経営企業で今のディズニー社に比べて小規模であった。

1984年以降のマイケル・アイズナー時代にディズニー社は現代アメリカ型巨大企業に急拡大した。アイズナーが会長兼CEOとして辣腕を振るう中で、ダウ・ジョーンズ30に選出されるほどの巨大優良企業となった。アイズナーは極端な成果主義で一部の優秀人材に高額報酬やストックオプションを与えて高コミットメントを引き出す給与システムに変更した。

ウォルト、アイズナーともに強力な支配者であった。ディズニー社の1923年からの歴史の中で、両氏の強力な支配下にあった期間が長い。それ以外の人材がトップに就いていたときは業績が低迷した。

ここではディズニー社のストライキの歴史を資料が出ただけまとめる。もっとあるのかも知れないが、ここまでしか情報を得られなかった。ディズニー社のレイオフやストライキについて追いかけている研究者やジャーナリストはいないようである。

なおアメリカでは労働組合の活発な活動とストライキは至極当然の労働者の権利である。ストライキの無い状況が常態化している現在の日本とは違う。

---

[35] ザ・ウォルト・ディズニー・カンパニー有価証券報告書（平成23年10月2日−平成24年9月29日）47頁

● 　ウォルト・ディズニーのストライキ対応

　ウォルトがディズニーランドの構想を練っていた 1940 年代、予期せぬ事態に陥った。アニメーターやイマジニア[36]などの従業員にストライキを起こされたのである。予想以上に従業員が真剣で、ウォルトは経営者として参ってしまった。ウォルトはイマジニアのオリー・ジョンストンに第二次世界大戦中（1941〜1945 年）、「労働組合や株主や銀行家に私の邪魔はさせられない」と言った。ストーリーボード担当アニメーターのジョー・グランドによると、ストライキの前、ウォルトは平等かつ公正を目指すには、皆が団結すべきと考え、極端にリベラルであった（Green and Green, 1999, 邦訳 194 頁）。

　ウォルトは労働組合やストライキを行う従業員を「私の邪魔をするもの」と考え、身近な従業員にそう発言していたことが明らかになった。

　イマジニアのオリー・ジョンストンによると、ストライキの 2 日目にストライキグループの中の馴染みの一人に向かい、ウォルトは親しげに何かを言い、「2 日もすればあいつらは戻ってくる」と言った。ウォルトはまだ事態の深刻さとストライキを決行している従業員の真剣さに気づいていなかった。問題が起きると、イマジニアのマーク・デイビス等が名誉会員として労働組合に引っ張り出された。デイビスが組合の交渉員と会い、ウォルトに「いい人だから会って話すといい」と勧めると、ウォルトは「その交渉員と会うと、たぶんその人を好きになってしまう。だから会わない」と言った（Green and Green, 1999, 邦訳 196 頁）。

　イマジニアのジョー・グランドによると、ストライキはスタジオ内に悪意を生み、ウォルトは以前と変わった。ウォルトなら反旗を翻して戦う従業員に対応したであろうが、彼らがその機会を与えず、ウォルトはすっかり憔悴した。それでもウォルトは回復し、ディズニーランドを建設した（Green and Green, 1999, 邦訳 198 頁）。

● 　ディズニー社のビジネスモデルの成立過程と労働問題

　ここでどのようにディズニー社のビジネスモデルが確立してきたのか、時代を追って考察する。その中でストライキ等の労働問題とそれに対するウォルトの考えを考察する。

---

[36] イマジニアとはイマジネーションとエンジニアの複合語でウォルト・ディズニーの造語である。イマジニアが世界のディズニーランドの建設、アトラクション開発などを行っている。

ウォルトは 1928 年公開の映画「蒸気船ウィリー」というミッキーマウスのアニメで大成功した。1929 年にミッキーマウスのぬいぐるみと食器の販売を持ちかけられ、販売したところ大成功し、映画よりずっと利益率が高いことが発覚した。ウォルトは映画よりもグッズ販売の事業性を感じた。その後、「白雪姫」「バンビ」などヒットを連発し、豊富なキャラクター資源を有するようになった。

ウォルトはアメリカシカゴ郊外の貧しい家庭に生まれ育った。アミューズメントパーク（乗り物を集めた中小規模の遊園地）に行きたかったが、貧しさから指を咥えて見ていた。大人になってからアミューズメントパークに行きたいと思うようになっていたと言われている。

時は流れ 1945 年 8 月、第二次世界大戦の終戦でアメリカに平和が戻った。アメリカ本土はほとんど打撃を受けていなかった。兵隊の帰国が始まって、ベビーブームが起こった。この時に生まれた第一次ベビーブーマーが後にディズニーファンのボリュームゾーンとなった。第二次世界大戦中は赤字続きであったが、1948 年、ディズニー社は 7 年ぶりに映画の興行収入の黒字を計上した。ウォルトはその資金をもとにテーマパーク事業に多角化しようとした。しかしそれだけでは資金が足りなかったため、ニューヨークに出向き、銀行マンを相手にプレゼンテーションして融資を受けた。そのプレゼンの 2 日前、ディズニー・スタジオ（映画会社）のアニメーター二人を呼び出し、二人に説明し、大きいディズニーランドの見取り図を描いてもらった。その結果、ディズニー社ではどんなプレゼンも 48 時間で準備できると考えられるようになった。ディズニー社では、総じて仕事能力の高い人材が求められる。

銀行融資だけではディズニーランド建設資金が圧倒的に足りなかった。そこでウォルトはアトラクション一つにつき一企業にスポンサーになってもらうことを思いついた。アトラクションに社名を入れる。乗り物に有名企業がスポンサーになることで、ディズニー社の負担を軽減する。これはウォルトのイノベーションであった。スポンサー企業の役員等へのサービスとして、園内に特別な高級レストラン「クラブ 33」を設け、接待してご馳走する。スポンサー企業の一般社員には、会社一括購入による割引価格で入場券を発売する。

ディズニーランドでは一つのアニメを一つのアトラクションとする。ディズニーランド以前の乗り物と大きく異なるのは、物理的な刺激のみを体験してもらうのではなく、最初にストーリーがあることと、ストーリーを元に映画制作の方法と技術を用いて制作していくことにある。イマジニアは芸術家タイプと技術者タイプに大別

される。芸術家タイプのイマジニアがストーリーを考え、絵に描き、立体模型を創る。それを見た技術者タイプのイマジニアが設計し、建設する。アトラクションの建物はビルの形の変形である。これは建築士の仕事である。内装には舞台芸術の技術を駆使している。歌って踊る人形は、ウォルトの造語でオーディオ・アニマトロニクス（オーディオ・アニメーション・エレクトロニック・コントロールズ）という。細部までこだわってリアルな肌、表情、関節の動きを実現する。乗り物のボート、船、飛行機などを設計し、試乗、改良を重ねて完成品にする。ディズニーランドの立地に応じて火薬の量や避難経路など消防法を確認する。安全第一である。最初に小さく作り、集客状況や売上高によってアトラクションを追加していく。不人気のアトラクションを廃止し、その場所に新アトラクションを創る。各アトラクションは必ず定期点検を行い安全第一とする（中島, 2013, 第2章）。

　リピーターを呼ぶために、アトラクション、ショー、パレードを追加する。ショーやパレードは季節イベントとする。例えば、「ホーンテッド・マンション」のクリスマスバージョンに「ナイトメア・ビフォア・クリスマス」のキャラクターを登場させるなど、季節限定も効果的である。

　最初にアニメや実写映画をディズニー社の映画部門で製作する。映画興行から数年後にアトラクションとしてテーマパークに導入する。ウォルトが最初に声をかけて引き抜いたイマジニアは、アニメーターや実写映画の舞台道具等の制作者であった。しかし技術者はどのような人なのか、どうスカウトしてきたのか、前職は何だったのか公表されていない。技術者の名前や前職を公開すると、アトラクション開発という中核能力が流出するため、社外秘としていると推測できる。

● ウォルト・ディズニーの資本主義と国粋の精神

　このビジネスモデルから分かるように、ウォルトはアニメ映画で成功し、得た資金を浪費せずに貯め、まとまった資金を次の事業に投資し、事業を拡張してきた。続いて、テーマパーク事業で得た資金を貯め、まとまった金額を再投資して事業を拡張してきた。つまりウォルトは『プロテスタンティズムの倫理と資本主義の精神』(Weber, 1905) の持ち主である。

　社会学者のウェーバー（Weber）によると、欧米のプロテスタント国家で経済が発展した理由は、のんびり働くカトリックと異なり、プロテスタントが熱心な信仰を勤労に置き換え、仕事に邁進したからである。そこでは浪費が禁止され（禁欲）、慎ま

しい生活をしながら、貯めた資金を大きく投資して事業を拡大し、社会に富をもたらす。

　ウォルトはアイルランド系で、宗教はプロテスタントである。1901年生まれのアメリカ人であれば現在の日本人と異なり、宗教の影響は人生観や職業観に強い影響を与えていた。したがってディズニー社も創業以来、「プロテスタンティズムの倫理と資本主義の精神」の社風と推測できる。のんびり働くカトリックの文化ではない。資本家であるディズニー兄弟が勤勉な労働者を雇用し、浪費を禁止し、目的達成のために全エネルギーを注ぐ組織文化であった。ここでいう禁欲とは、金銭欲に対する禁止である。ウォルトは成功後も、現在のいわゆるセレブのような暮らし（浪費）をすることなく、従業員の給与水準も低いままに保っていた。

　ウォルトの死後、ディズニー社は低迷し、1984年、ついに買収の危機にさらされ、パラマウント映画から敏腕映画プロデューサーのアイズナーを会長兼CEOに迎えた。アイズナーが改革を始めた1984年当時、ディズニー社の給与水準はハリウッドで伝説的に安く、有能な人は来ない、どこにも雇用されない人材のたまり場と言われていた。それをアイズナーが1980年代のアメリカの大企業らしい給与水準に改革した。これをウォルトが知ったら怒るだろうと言われていた（Grover, 1991, 邦訳78-79頁）。

　ウォルトはプロテスタントのキリスト教徒であるが、それほど信仰深くない。アニメ作品にも宗教、特にプロテスタンティズムは登場しない。20世紀のアメリカ人らしく、ウォルトの信仰の精神は勤労に置き換わったようである。

　ウォルトの長女ダイアン（1933年−）によると、若い頃のウォルトは非常に敬虔で信心深かった。ウォルトの父が厳格な教会の助祭をしていたことがあったため、ウォルトは敬虔なプロテスタントの家庭で育った。しかしウォルトが敬虔だったのは若い頃までで、長女ダイアンはウォルトが教会に行くのを一度も見たことが無い（Green and Green, 1999, 邦訳142頁）。キリスト教徒は信仰熱心な人ほど頻繁に教会に通い、祈りを捧げる。その祈りの時間を労働に変えることで信仰心の薄いプロテスタントは経済的に成功したのである。

　ウォルトと兄ロイ・ディズニーの思想や信条は、共和党で国粋、保守である。ディズニー兄弟は1950年代、リチャード・ニクソン（後の第37代大統領）らレッドパージ（赤狩り：共産主義者を弾圧すること）の実行者に資金を出して活動を支援した。兄ロイ・ディズニーは共和党候補者に寄付を続けた。売却して資金を作れるように自

社株を贈ることも多かった。1971年にロイ・ディズニーはビバリー・ウィルシャー・ホテル（ビバリーヒルズの最高級ホテルで映画『プリティウーマン』の舞台）での「ニクソン大統領に敬礼」の夕食会で、テーブル席の代金として 5,000 ドル相当の株式を寄付した（Thomas, 1998, 邦訳 339 頁）。つまり 1950 年代以降、ディズニー兄弟は財界の名士となり、政財界の名士のパーティ等に出席するようになっていた。そこでストライキを潰してくれる人に資金提供していた。

　ここから分かるように、ウォルトが優しいのは作品の内容である。経営者としてステイクホルダー（利害関係者：従業員、株主、取引相手、顧客、地域住民等）に対して優しくなかったようである。ただし家族全員を心から愛していたようである。

4．アイズナー時代のレイオフとストライキ

　ウォルトの死後、ディズニー社は創造性とリーダーシップを失って業績低迷、買収の危機のニュースがアメリカを賑わせていた。そこで 1984 年にパラマウント映画から敏腕映画プロデューサーのアイズナーを会長兼 CEO に迎えた。アイズナーは徹底的に改革し、低給与でのんびりした社風を廃し、能力の高い人材を高給で雇用する激しい社風に変えた。本節でアイズナー時代以降のレイオフとストライキの歴史を考察する。

　なお、アメリカを含め日本以外の国では労働組合が活発に活動しており、給与アップと労働時間短縮など労働条件改善を求めて活動している。経営陣と労働組合の交渉が決裂すると、労働組合はストライキを行う。アメリカではこれが当たり前なので、アメリカのディズニー社の従業員が特別過激なのではない。現在の日本ではストライキはほとんど無いため、日本人は驚くが、世界的にストライキは頻繁に行われている。

● 　賃金カットでストライキ発生

　1984 年 9 月 25 日、米カリフォルニア州アナハイムのディズニーランドで 1,884 人の従業員によるストライキが始まり、3 週間続けられた。会社との労働協約改定交渉が決裂したためであった。ディズニーランドの従業員がストライキに突入したのは 14 年振りであった。ディズニーランドの営業は平常通り行われ、プラカードを掲げた従業員がピケットラインを張る中を一般の来場者が通っていく。周辺のホテルはストライキを嫌った客が控えたため、客離れが起こった。ディズニー社は 9 月初

め、入場者の頭打ちなどを理由に 16%の賃金カットを提示したが、景気回復に沸く
アメリカ産業界の実態を目のあたりにした労働組合は猛反発した[37]。

　資料を入手できないが、この 14 年前にもストライキが行われたとあるので、1970
年にもディズニーランドの従業員によるストライキが決行されたようである。

● **イマジニアリング社の人員削減**

　1992 年 7 月、ディズニー社は同年 8 月末までに子会社ウォルト・ディズニー・イ
マジニアリング社（イマジニアリング社）の社員 300～400 人を削減すると発表し
た。大型事業だった仏ユーロディズニーランドの完成に伴う処置であった。アイズナ
ーが会長兼 CEO に就任した 1984 年以来、初の人員削減となった。ディズニー社は
1990 年代を「ディズニーの 10 年」と名付け、カリフォルニア州アナハイムのディ
ズニーランドやフロリダ州オーランドのディズニー・ワールドなどで大掛かりな拡
張計画を発表したが、景気後退などの影響で建設計画が予定より遅れていると見ら
れていた。4−6 月期の純利益は前年同期比 33%の大幅増を記録したものの、経費削
減を徹底することで増益基調を維持したいとした[38]。

　子会社のイマジニアリング社は、ディズニーランドのアトラクションやショーや
パレードの研究開発と建設を行う企業である。イマジニアとはイマジネーションと
エンジニアの複合語でウォルトの造語である。1992 年にパリ郊外にユーロディズニ
ーランドを開業し、それまで大勢必要だったイマジニアをこのとき削減した。その後
もディズニーランドの国際展開を続けている理由の一つが、イマジニアの雇用維持
という話もある。

● **テレビ局 ABC 買収も人員削減なし**

　1995 年 8 月、アイズナー会長兼 CEO はアメリカ三大ネットワークの一社、キャ
ピタル・シティーズ ABC を買収することで合意した。アイズナーはニューヨーク市
内でトーマス・マーフィー ABC 会長と共同会見した。そこでアイズナーは、買収後
の資産売却や人員削減は考えていないと発表した。190 億ドルの買収資金を調達す

---

[37] 1984/10/05 日本経済新聞　夕刊 3 頁「危うし、ディズニー王国――株集め、ストに揺らぐ
（ニュースの周辺）」
[38] 1992/07/31 日本経済新聞　夕刊 5 頁「ディズニー、300-400 人削減――設計関係者、来月中
旬メド。」

るため ABC の資産を切り売りする考えも無いと強調した[39]。つまり ABC 買収資金
のために人員削減を行わなかった。ABC はアイズナーの古巣である。アイズナーは
ABC のプロデューサーで、パラマウント映画に転職してプロデューサーになり、ディ
ズニー社にヘッドハンティングされてきたのである。一貫してテレビ番組や映画
のプロデューサーである。

● ハリウッドビッグ6のリストラクチャリング

　ディズニー社のみならず、ハリウッドの映画会社は 1990 年代後半に大規模なリス
トラクチャリングを実施した。当時のアメリカは金融バブルと IT バブルが同時に来
て空前の好景気に沸いていた。通常企業は高業績を上げている時こそ改革やリスト
ラクチャリングを行う。

　アメリカの映画製作大手 6 社をハリウッドビッグ 6 という。ディズニー、ユニバ
ーサル・スタジオ、パラマウント、20 世紀 FOX、ワーナー・ブラザース、ソニー・
エンターテイメント（旧コロンビア）である。

　1997 年 7 月、ハリウッドの映画各社が不採算部門売却、人員削減などのリストラ
クチャリングを進めていた。収益を上げていた事業でも長期戦略に関係なければ売
却対象にした。マルチメディア需要を背景に各社の決算は好調であったが、映画製作
費の高騰など収益力に陰りが出ていた。業績が良い時期に周辺部門を整理し、経営資
源を中核事業に集中することでコスト管理が甘い従来の経営体質を改善することが
リストラクチャリングの目的であった。ユニバーサル（旧 MCA）は映画製作部門を
中心に 115 人の従業員をレイオフ（一時解雇）した。ユニバーサルは年間 1 億ドル
（約 100 億円）の経費削減を目標に掲げ、同年 5 月には系列音楽会社 MCA レコー
ズで従業員の 10％を減らした。松下電器産業（ハリウッドの映画大手 MCA をバブ
ル期の 1991 年に買収したが 1995 年に売却）からシーグラムの傘下に移った 1995
年以降、コスト管理は厳しくなっていった。ディズニー社は新メディア開発のディズ
ニー・インタラクティブの従業員の約 20％に相当する 90 人をレイオフした。自社開
発はコストがかかりすぎるとして、CD-ROM 事業に見切りをつけ、外部への委託開
発に移行させた。同じ理由でワーナー・ブラザースもデジタル映像処理子会社ワーナ
ー・デジタル・スタジオズを同年 7 月末に清算し、同事業から撤退した。ワーナー・

---

[39] 1995/08/01 日本経済新聞　夕刊 3 頁「資産売却考えず、ディズニー、ABC 買収で。」

ブラザースの親会社タイム・ワーナーは法律出版子会社アメリカン・ロイヤー・メディアを売却した。ディズニー社は系列雑誌社インスティチューショナル・インベスターを売却した。いずれも出版業界では強いブランド力を持つ会社で、この頃黒字事業であったが、グループの事業展開に不必要と判断した。他方、ディズニー社は主力のアニメ部門で大幅な人員増強を図っていた。つまり事業の選別が厳しくなっていた。ハリウッド各社の事業分野は数年で急速に膨張した。ディズニー社の ABC 買収、タイム・ワーナーの TBS 買収にみられるように映画、音楽、テーマパークからテレビ、出版まで広く多角化した。エンターテイメント産業はアメリカの好況を支える一つの柱で、世界のエンターテイメント市場拡大を背景に各社の業績は伸びていた。しかし本業の映画製作費が 1 本平均 3,900 万ドル（約 4 億円）と 3 年で 35% も増えるなど映画製作やテーマパーク建設、企業買収の投資負担も膨らんだ。1996 年に「インディペンデンス・デー」で空前の業績を上げた 20 世紀 FOX も、映画製作費に歯止めをかけるためコスト管理の専門チームを発足させた。余剰人員を抱えながら、映画製作や俳優の出演料に巨額資金投入を当然とする映画業界特有の経営は成立しにくくなっていた[40]。

　1999 年 7 月、ディズニー社は広範囲なリストラクチャリングに着手した。特に売上高が落ちていたホームビデオ部門、コスト削減が課題の放送部門、ディズニーストアなど海外部門を中心に再編すると発表した。ディズニー社は 1999 年 1－3 月期まで四四半期連続の減益となった。ABC やインターネット検索大手インフォシークなど大規模な買収を重ねてきたが、当面コスト削減と組織再編に力を入れるとした。ホームビデオ部門の人員を 100－200 人規模で削減、年間 3,000 万ドル規模の削減を実施する。ディズニー社の事業のうち、ホームビデオを含むクリエイティブ・コンテンツ部門は 1999 年 1－3 月の純利益が前年同期比 52% 減益した。ABC など放送部門もスポーツ番組の契約料や調達コストの高騰で収益が圧迫されていた。再編の詳細は不明だが、関係者によると、ABC とディズニー本体の人事や法務、情報システムなど間接部門を統合する案であった[41]。

---

[40] 1997/07/27 日本経済新聞　朝刊 5 頁「好調ハリウッド、リストラ競演——中核事業に集中、周辺部門、黒字でも売却。」
[41] 1999/07/05 日本経済新聞　夕刊 3 頁「ディズニー、大規模リストラ——放送・ビデオ部門再編へ。」

- **IT バブル崩壊後の人員削減**

　2001 年 3 月、ディズニー社は全従業員（約 12 万人）の約 3%にあたる 4,000 人を削減すると発表した。世界的な景気減速に対応するためとした。本社部門を含めた広範囲な人員削減はこれが初めてであった。人員削減計画はアイズナー会長兼 CEO とアイガー社長兼 COO の連名のメールで全社員に通知された。同年 4 月末までに希望退職を募集し、目標に達しない場合はレイオフに踏み切り、同年 7 月までに完了する計画であった[42]。

　これを発表した翌日午前のニューヨーク株式市場で、ダウ工業株 30 種平均は 4 営業日ぶりに反落し、前日比の下げ幅は一時 220 ドルに達した。ディズニー社の 4,000 人削減などを受けて幅広い銘柄で売りが膨らんだ[43]。ディズニー社はダウ・ジョーンズ 30 の一社だったのでこのように市場が強く反応する。

　2001 年 6 月、ディズニー社は約 1,000 人のレイオフに踏み切った。全従業員（約 12 万人）の約 3%にあたる 4,000 人の削減を進めていたが、希望退職者が 3,000 人程度にとどまったためである。レイオフ対象部門は明らかにしていなかったが、8 日付のロサンゼルス・タイムズ紙によると、米国内の 2 つのテーマパークとアニメーション部門が中心になる見通しであった[44]。

　2000 年頃をピークにした世界的 IT バブルは 2001 年初頭に崩壊し、IT 産業が盛況であった国（特にアメリカ）ほど IT バブル崩壊の影響を受け、景気が減速した。そこでディズニー社はこのタイミングで大幅なリストラクチャリング（事業再構築）と 4,000 人のレイオフを実施したのであった。

- **同時多発テロ後の不況でレイオフ**

　2001 年 11 月、ディズニー社の業績が急速に悪化し、2001 年 7−9 月期決算は、売上高が前年同期比 5%減、純利益は同 68%減少となった。米国景気の減速と同時多発テロが収益の二本柱のテレビ部門とテーマパーク部門を直撃した。2001 年 7−9 月期の売上高は 58 億 1,200 万ドル、純利益 5,300 万ドル、一株利益も 3 セントと前年同期を 8 セント下回った。営業利益は 6 億 2,700 万ドルで前年同期比 31%減、部門別でパーク＆リゾート部門（テーマパークとホテル等）が、同 13%減の 3 億 1,300

---

[42] 2001/03/28 日本経済新聞　夕刊 3 頁「ディズニー、4000 人を削減。」
[43] 2001/03/29 日本経済新聞　朝刊 1 頁「NY ダウ反落、一時 220 ドル下げ。」
[44] 2001/06/10 日本経済新聞　朝刊 5 頁「ディズニー、1000 人一時解雇。」

万ドルと最大の落ち込みを記録した。放送関連のメディア・ネットワークス部門も、ABCの視聴率低迷と広告収入の落ち込みが響き、同12%減の3億4,800万ドルだった。集客力が高く、本来強みとなるはずのテーマパークがテロによる観光需要の減退でマイナス要因となった。当時既にフロリダ州のディズニー・ワールドで従業員のレイオフや労働時間の短縮を実施した。ディズニーランド（カリフォルニア州アナハイム）で、繁忙期としては異例の地元住民向け大幅割引を12月半ばまで展開するなど懸命の対策を打った。しかしトム・スタッグスCFOによると、前年同期に比べ来場者数はディズニー・ワールド（フロリダ州オーランド）で25%減、ディズニーランドで10%近い減少となった[45]。

● 脚本家のストライキ

　2007年11月、ディズニー社だけではなく、ハリウッドとニューヨークのブロードウェー（舞台・ミュージカルの本場）で脚本家や舞台係らの裏方が相次ぎストライキを決行した。分配を巡る不公平は富の格差へつながったとして、脚本家たちは19年ぶりのストライキに踏み切った。映画の公開延期など影響が広がって、長引けば収益に大きな打撃となる。太鼓のリズムに合わせて発するシュプレヒコールが観光客で賑わうハリウッド大通りにこだました。米国脚本家組合（WGA）がハリウッドとメディア企業の本社が集まるニューヨークで大規模なデモ行進をし、訴えた。パラマウント映画の脚本を執筆するトニー・ジャスウィンスキー氏（36歳）はニューヨークのソニー米国本社前のデモに参加し、「脚本家の年収はわずか5万2,000ドル（約570万円）。家族を十分に養えない」と話した。最大の対立点は、成長著しいインターネット配信による収入をどう分配するかであった。WGAは作品がストリーミング方式でダウンロードされた際、脚本家に売上額の数%の報酬が自動的に入るようにするなどネット配当を強く要求した。しかしディズニー社は、ネット事業は軌道に乗っていないとして配当を最低限に抑えたい意向であった。合意の糸口が見えないままストライキの影響は拡大し、テレビの三大ネットワーク（ABC, CBS, NBC）は軒並み人気番組の制作中止に追い込まれた。CBS、NBCは深夜のトーク番組を脚本切れのため再放送に変更した。ディズニー傘下のABCテレビは2004年以降のディズニ

---

[45] 2001/11/09 日本経済新聞　夕刊3頁「米ディズニー、7-9月期、68%減益——景気減速・テロ打撃。」

一社の株価回復を牽引した人気ドラマ「デスパレートな妻たち」が脚本家不在で制作中断を余儀なくされた。制作期間が長く、脚本の在庫もたっぷりあるのでストライキがよほど長引かない限り影響はないとされた映画にも余波が及んだ。ブロードウェイのミュージカルは舞台係の労働組合が10日からストライキに入り、「マンマ・ミーア！」など人気作が休演した。ブロードウェイの一日あたり損失額は200万ドルとも1,700万ドルとも言われた。11月のサンクスギビングデー（感謝祭）休暇やクリスマス休暇の稼ぎ時に休演になれば、会社経営への打撃は深刻となる。「オズの魔法使い」に隠された物語を描いた人気ミュージカル「ウィキッド」の中堅舞台装置係は、行列が消えた劇場前で観光客らにストライキのビラを配って「経営者やプロデューサー、舞台俳優だけでは上演できない。観光客に迷惑をかけるが、そこを理解してほしい」と訴えた[46]。

　同年12月になると、WGAの大規模ストライキが長期化し、8週目に突入した。11月5日に始まったストライキが越年すれば、22週続いた前回1988年のストライキ並みに長期化する可能性があった。1988年のストライキは業界に推定5億ドルの損害をもたらした。ストライキの影響を最も受けていたのが、1万2,000人いる組合脚本家への依存度が高いテレビの三大ネットワークで、深夜の人気トーク番組が過去の放映分の再放送に代え、人気ドラマの制作を中断し、年明けにはこうしたドラマの多くが打ち切りになる見通しとなった。映画ではソニー・ピクチャーズの大作「天使と悪魔」の公開が、当初予定の2008年12月から2009年5月に延期された。ストライキで脚本が仕上がらず、計画していた年明け早々の撮影開始が困難になったためである。ベトナム戦争が題材のオリバー・ストーン監督の話題作「ピンクビル」など数本も公開延期になった[47]。その後、年明けの2月中旬までこのストライキが続いた[48]。

　その半年後の2008年5月、ディズニー社の1－3月期決算はテーマパーク事業の好調を受け、売上高が前年同期比10%増の87億1,000万ドル、純利益同22%増の11億3,000万ドルとなった。ディズニー社は「お金のかかる遠距離旅行を避け、安上がりな近場のテーマパークで休みを過ごす消費者が増えた」と分析した。つまりデ

---

[46] 2007/11/26 日経産業新聞24頁「ハリウッド・ブロードウェーでスト、「夢の都」に米の断層投影――所得格差嘆き。」

[47] 2007/12/25 日本経済新聞　夕刊16頁「米脚本家スト8週目突入、TV・映画に打撃――大作公開、延期に、人気番組が中止。」

[48] 2008/05/08 日経産業新聞4頁「ディズニー増益、1-3月22%、テーマパーク好調。」

ィズニー社は景気減速の思わぬ恩恵を受けた。ドル安を受けた欧州などからの観光客の増加も貢献した。主力のテレビ部門はケーブルテレビの契約増や広告収入増が貢献して営業利益が 14%増となった。脚本家組合のストライキで人気テレビドラマが放映中断に追い込まれた影響は軽微にとどまった[49]。

● **テーマパーク部門で 1,200 人レイオフ**

2009 年 4 月、ディズニー社は米国内のテーマパーク部門で約 1,200 人の従業員をレイオフしたと発表した。同部門に携わる正社員の 11%に相当する。アメリカの消費者の間で旅行を手控える動きが広がり、集客力が低迷した。このためテーマパークで間接部門の集約など合理化を進め、この人員削減もその一環であった[50]。

この時、日経新聞で「正社員」と報道されたが、日本の終身雇用の正社員ではなく、フルタイマーを指しているだろう。日本以外の国では正社員の解雇は合法である。日本は、正社員の不当解雇が労働法で禁じられている珍しい国である。それ以前に、日本以外の国でフルタイマーに雇用保障などない。日本は正社員雇用に伴って各種社会保障が付く。この制度は世界でほとんど無い。

5．ディズニー社の二大経営者の思想比較

ここからディズニー社の二大経営者の思想を比較する。思想に影響したであろう要因を合わせて考察する。

(1) ウォルト・ディズニーの経営思想

創業者ウォルト・ディズニーは 1901 年 12 月にシカゴ郊外の貧しい家庭に生まれた。貧しいながらも愛情のある幸せな家庭で育った。子供の頃から仕事をして家計を助けた。ウォルトが 13 歳の時、第一次世界大戦がヨーロッパで勃発し、アメリカも参戦した。この時米国内でナショナリズムが高揚し、多感な少年ウォルトは国粋主義に目覚めた。そして 17 歳で高校を中退して軍隊に志願した。しかし当時のアメリカ軍は 18 歳以上でなければ、兵士になれなかったため、ウォルトはフランス等で後方支援（トラック輸送）に従事した。

---

[49] 2008/05/08 日経産業新聞 4 頁「ディズニー増益、1-3 月 22%、テーマパーク好調。」
[50] 2009/04/05 日本経済新聞　朝刊 5 頁「米ウォルト・ディズニー、1200 人を一時解雇。」

第一次世界大戦後、ウォルトは 20 歳代前半で映画制作スタジオを開業したが、最初の会社はすぐに倒産した。あきらめずに起業した二社目が現在も続くディズニー社である。ウォルトは宗教的には、若い頃敬虔なプロテスタントであったが、年とともに信仰心を勤労に変えていったようである。ウォルトが非常に勤勉で仕事中毒であるにもかかわらず、1940 年代にアニメーターたちにストライキを起こされた。ウォルトはストライキを行う労働者と労働組合を「私の邪魔をするもの」と考えていた。ストライキ以降、ウォルトは保守、反共産主義を強めた。映画とディズニーランドを大成功させると、ディズニー兄弟はセレブや財界人の仲間入りをした。そこでレッドパージ（ストライキ弾圧）に資金提供した。それほど共産主義の増強とストライキを阻止したかったようである。ウォルト時代のディズニー社は近代家族経営の企業で、友情、血縁、縁故を重視していた。ウォルトという芸術家の夢を実現するためにディズニー社があった。従業員は「芸術家ウォルトの夢を一緒に叶える仲間たち」であった。

　ウォルトは非常に顧客志向でホスピタリティ志向であった。例えば、ディズニーランドの入場者を顧客（カスタマー）ではなく、招待された客（ゲスト）と捉えていた。アメリカでは自宅に重要な人を呼んでホームパーティを行ってもてなす。ホームパーティ主催者を英語でホスト・ホステスと言う。ディズニーランドの従業員はホスト・ホステスであるが、日本にこのシステムを導入した時、キャスト（サービスを演出する舞台俳優）に変更した。その後アメリカでもキャストに変更した。ウォルトは「全てのゲストにハピネス（幸せ）を提供することがディズニーランドの使命です」「お客様の喜ぶ顔が私たちディズニーランドの商品です」という考えをまとめ、ディズニー・フィロソフィとして全従業員の精神面の育成を行った（第 2 章）。

(2) マイケル・アイズナーの経営思想

　ウォルトは 1966 年 12 月に肺癌で死去し、共同経営者の兄ロイ・ディズニーも 1971 年に死去した。ディズニー社は創造性とリーダーシップを失って失速した。1984 年には経営危機に陥り、パラマウント映画から敏腕映画プロデューサーのマイケル・アイズナーをヘッドハンティングして会長兼 CEO に据えた。このアイズナーがディズニー社を大改革し、1991 年にダウ・ジョーンズ 30（アメリカを代表する巨大優良企業 30 社）に選出されるほどの巨大優良企業に成長させた。そしてアメリカ

三大ネットワークの一社の ABC（テレビ局）を買収し、巨大メディア・コングロマリットとなった。

　これだけのことをやってのけ、21 年間会長兼 CEO でい続けたアイズナーはどのような思想だったのであろうか。アイズナーは大きい差がつくことを強く望む資本主義で、他社との契約に際して不平等条約を強引に押し付け、ディズニー社が儲かるように工夫を凝らした。オリエンタルランドにも不平等条約を押しつけ、ディズニー社が儲かるビジネスモデルにした。換言すると、商才溢れるユダヤ人ビジネスマンである。アイズナーの父、祖父、親戚に製造業等で大成功したビジネスマンが何人かいる。ただし映画やテーマパークでの成功に家族・親戚のコネは関係ない。

　アイズナーは節約家の祖父の教えで決して浪費しない人であった。有名俳優や有名監督のギャラ高騰が映画の利益を吹き飛ばした。その対策として、実力ある若手と落ち目の有名俳優を起用した。例えば、大ヒット映画『プリティウーマン』の主役に落ち目の俳優リチャード・ギアと新人女優ジュリア・ロバーツを起用した。アイズナーは就任してすぐに人事改革を行った。希望退職を募り、<u>のんびりした働き方を望む従業員を解雇した</u>。アイズナーはウォルト時代からの「この人だけは解雇しないで」というリストを無視して人員削減した。1980 年代以降のアメリカ企業らしく、徹底した能力主義で、雇用に友情や縁故を考慮しなくした。その代り、有能人材に巨額報酬を支払うようにした。これでディズニー社はどこにも雇われない無能人材のたまり場から有能人材の宝庫へと刷新された。これを「アイズナー改革」と前著（2014）で定義した。アイズナーは徹底したコスト管理で無駄を省き、他社との契約ではディズニー社の利益が上がるよう交渉した。これによって、ディズニー社の社風はアメリカ型資本主義の権化と化した。アイズナーが改革した結果もたらされたこの社風を「アメリカ型資本主義の権化」と前著（2014）で定義した。アイズナー自身もアメリカ型資本主義の権化である。

　アメリカ型資本主義とは、マッキンゼーや他の金融機関に代表される「アップ・オア・アウト」（Up or Out?）の社風である。アップ・オア・アウトとは、業績アップか退出（アウト＝会社を辞める）かの二択で、現状維持や業績低下で社内に居座ることを禁じた極端な資本主義政策である。現にアイズナーも業績不振で株主に損失を与え、株主総会で解任されてディズニー社を去っている。この社風で勝てる人材だけが、業績に応じた高額報酬を手にする。その結果、アメリカの人口の 1％がアメリカの富の 99％を所有し、残りの 99％の人口が富の 1％を所有している。アメリカの経

済力は豊富な資源よりも、この極端な資本主義と徹底した能力主義によるところが大きいだろう。

アイズナーは顧客志向やホスピタリティ志向ではない。アイズナーの著書（1998）で繰り返し出てくるセリフは、株主への責任を果たすことと株価の心配である。アイズナーは常時株価とウォールストリートを気にしている。ウォールストリートには株主、機関投資家、アナリストが含まれる。業績が悪いと何度もアナリストに買い推奨とされた。アイズナーは現代アメリカ企業の経営者らしく、株主志向、ウォールストリート志向である。

(3) 両者の経営思想比較

このように、ディズニー社の二大経営者は、どちらも従業員志向とは言えないことが明らかになった。ウォルトは顧客志向・ホスピタリティ志向、アイズナーは株主志向・ウォールストリート志向である。

表1：ディズニー社の二大経営者比較

	ウォルト・ディズニー	マイケル・アイズナー
	創業者	中興の祖
生年	1901－1966年	1942年－
トップ在籍	1923－1966年（43年間）	1984－2005年（21年間）
本業	アニメ映画プロデューサー	実写映画プロデューサー
宗教	プロテスタント	ユダヤ教（ユダヤ人）
思想	国粋、右派、保守、反共産主義、レッドパージに資金提供	大きな差がつくことを強く望む資本主義
学歴	高校中退	デノン大学卒業、英文、映画、演劇専攻
戦争経験	第一次世界大戦：フランスで後方支援（トラック輸送）第二次世界大戦：政府命令でプロパガンダ映画製作(内容:反ナチ)	第二次世界大戦：ほぼ影響無し（欧州の親戚17名がナチスに殺害）ベトナム戦争：出征するはずが体調不良で兵役免除。
出身地	シカゴ郊外	ニューヨークの最高級住宅地アッパーイーストサイドの高級アパートメント
親の経済状態	貧しい	大富豪のユダヤ人ビジネスマン
志向	顧客志向、ホスピタリティ志向	株主志向、ウォールストリート志向
経費	いい作品のために巨額投資	節約志向
給与、ギャラに対する考え	節約、低賃金　→　ウォルトの死後どこにも雇われない無能人材のたまり場	若手と落ち目の有名俳優起用でギャラ節約、有能人材のみ高額報酬
雇用と要職	家族、縁故、友情を重視	徹底した能力主義、採算性重視
企業形態	近代家族経営企業	現代アメリカ型巨大企業
社風	芸術家ウォルトの夢を叶える仲間達	アメリカ型資本主義の権化
退陣理由	肺癌で死去	株価低迷により株主総会で解任

６．まとめ

　本章では、アメリカのディズニー社のレイオフとストライキという労働問題を考察した。同社のレイオフとストライキの具体的な歴史を考察し、同社の二大経営者ウォルト・ディズニーとマイケル・アイズナーの思想を比較し、従業員に対する考え方を明らかにした。

　ストライキを起こした人は、アニメーター、テーマパークの従業員、映画とブロードウェイ・ミュージカルの脚本家などであった。ディズニーもブロードウェイで「ライオンキング」「美女と野獣」などに参入している。レイオフされたのは、不振のテーマパーク部門の従業員で、テーマパークの間接部門集約のためであった。

　ディズニー社はウォルトが 1923 年に貧しい中で設立し、苦労して育ててきた企業である。1940 年代後半に初めてストライキを起こされた。ウォルトはそれほど深刻に考えていなかったが、予想以上にアニメーター達がストライキに真剣で、ウォルトは精神的に参ってしまった。この経験からウォルトは保守、反共産主義を強めた。1940 年代後半、ウォルトはディズニーランドという前人未到の大規模テーマパークの創造に向けて誰にも止められない勢いで邁進していた。その時にストライキを起こされ、別の従業員に「誰にも邪魔させない」と言った。ウォルトは労働者の権利に関心が低かったようである。ウォルトは自分の夢を叶えるべく従業員の意識を統一し、牽引していく力強いリーダーであった。ウォルトの作風と異なり、本人は優しいわけではなく、硬質な精神と強い向上心の持ち主であった。

　中興の祖アイズナーは、パラマウント映画で敏腕映画プロデューサーとして大活躍したためディズニー社にヘッドハンティングされた。生き馬の目を抜くハリウッドで勝つだけあって、向上心と野心の塊である。アイズナーは著書（1998）に、朝起きると、会社に行くのが楽しみで仕方ないと書くほど仕事熱心である。

　ウォルトもアイズナーも必死に仕事に邁進してここまで成功してきた。労働組合に邪魔されてたまるかと思っていたようである。ウォルトは顧客志向であるが、従業員志向ではない。ただし固い友情で結ばれた同僚を尊重する気持ちはあった。アニメーターや美術監督の能力の高さを非常に褒めている。アイズナーは株主志向・ウォールストリート志向であって、従業員志向ではない。ディズニー社は 1923 年設立で、うち最初の 43 年間がウォルトのワンマン経営、1984 年から 2005 年までの 21 年間がアイズナーのワンマン経営であった。つまり 1923 年からの社史の中で 64 年間、

強力で有能なワンマン経営者に支配されてきた。その64年間の業績が良かったことから、彼ら二大経営者は非常に能力の高い経営者だったと言える。

　本章の貢献は、レイオフを実行する経営者がどのような経緯でその思想を持つに至ったか考察したことである。さらにディズニー社のレイオフとストライキを初めて明らかにした。二大経営者ウォルト・ディズニーとマイケル・アイズナーの思想とそれが生まれた背景を比較したのも初めてである。

＜参考文献＞

● Green, A. Booth and Howard E. Green, (1999), *Remembering Walt Favorite Memories of Walt Disney*, Disney Enterprises, inc.（阿部清美訳（2013）『ウォルト・ディズニーの思い出』竹書房）

● Eisner, D. Michael and Tony Schwartz (1998), *WORK IN PROGRESS, THE WALT DISNY COMPANY* c/o, The Robbins Office Inc. through The English Agency (Japan) Ltd.（布施由紀子訳（2000）『ディズニー・ドリームの発想』（上・下）株式会社徳間書店）

● Thomas, Bob, 1976, 1994, *WALT DISNEY: AN AMERICAN ORIGINAL*, The Walt Disney Company.（玉置悦子・能登地雅子訳（2010）『ウォルト・ディズニー　創造と冒険の生涯 完全復刻版』講談社

● Thomas, Bob (1998), *BUILDING A COMPANY*, Hyperion.（山岡洋一・田中志ほり訳（1998）『ディズニー伝説』日経 BP 社）

● Weber, M., (1905), *Die Protestantische Ethik und der 'Geist' des Kapitalismus*.（大塚久雄訳（1989）『プロテスタンティズムの倫理と資本主義の精神』岩波書店）

● ザ・ウォルト・ディズニー・カンパニー有価証券報告書（平成23年10月2日－平成24年9月29日）

● 中島　恵（2013）『東京ディズニーリゾートの経営戦略』三恵社

● 中島　恵（2014）『ディズニーランドの国際展開戦略』三恵社

● 『日経ビジネス』2002年1月7日号「ディズニー総帥が初めて語るミッキーマウス不滅の帝国」28-35頁

第5章　ディズニーランド・パリの経営不振と人員削減
ーユーロディズニーS.C.A.の労働組合の動向ー

1．はじめに

　1992年4月、パリ郊外にユーロディズニーランド（現ディズニーランド・リゾート・パリ）が開業した。開業した4月は客足が良かったが、翌5月に入ると入場者減少となった。フランスは元々反米国家だからか、他国の大衆文化を受け入れない国民性だからか、マスコミや知識人の一部が「文化のチェルノブイリ」（フランス文化が外国に汚染される意）と批判した。それに天候不順も手伝って開業時から苦戦を強いられた。

　1987年に米ディズニー社とフランス政府がユーロディズニーの契約を締結した時、その2年後のベルリンの壁崩壊（1989年）、東西ドイツ統一（1990年）、ソ連崩壊（1991年）、その後の旧東側陣営の内紛、欧州通貨危機と、ヨーロッパが大荒れになるとは予想しなかったであろう。欧州通貨危機は対仏フランで英ポンド安などとなり、ヨーロッパの西側諸国（資本主義陣営の西ドイツ、スペイン、オランダ、イタリア等）から旅行者が減ることとなった（中島, 2014）。ユーロディズニーは開業当初から大成功の東京ディズニーランドと対照的である。

　本章では、ユーロディズニーS.C.A.の経営不振とそれに伴う人員削減の経緯を考察する。

2．ユーロディズニーS.C.A.の概要

　ここでは同社を経営する企業の概要とフランスの株式会社の仕組みを説明する。ここは複雑で難しいことと、人員削減と直接関係ないため、読まずに先に進んでもいい。フランスの株式会社に関心がある人にはお勧めである。

　ユーロディズニーランド（現ディズニーランド・リゾート・パリ）を経営する企業をユーロディズニーS.C.A.という。

　S.C.A.とはフランスの株式合資会社（英語 Limited Partnership by Shares）である。S.C.A.とは Societe en Commandite par Actions（ソシエテ・アン・コマンディット・パラクシオン）の略で、株式会社と合資会社の中間の形態、その社員は無限責任社員と有限責任株主から成る二元組織である。無限責任社員は会社の債務に債権

者に対して直接無限の責任を負う。無限責任社員とは経営者である。有限責任の株主は直接責任を負わず、会社への出資義務のみを負う。

フランス語でcommandite（コマンディテ）とは、合資会社の無限責任社員で、実際は経営する人である。societe（ソシエテ）とは会社、societe anonyme（ソシエテ・アノニム：SA）とは株式会社である。

ユーロディズニーS.C.A.（Euro Disney S.C.A.：以降ユーロディズニー）は、グループ全体の持株会社で上場企業である。主な資産は子会社ユーロディズニー・アソシエS.C.A.（Euro Disney Associés S.C.A.）のシェアキャピタル（株を発行して得る資本金の一部）の82%である。ユーロディズニーの合名会社はユーロディズニーランド（Euro Disneyland：以降EDL）、パティシパントS.A.S.（EDL Participations S.A.S.）はディズニー社の子会社でユーロディズニーS.C.A.の管理会社である。

ユーロディズニー・アソシエS.C.A.（Euro Disney Associés S.C.A.：以降EDA）はディズニーランド・パリ、ウォルト・ディズニー・スタジオ・パーク、ディズニーランドホテル、デイヴィ・クロケット（アメリカ西部開拓者で政治家）牧場、ゴルフ・ディズニーランドを運営し、同グループの不動産部門を統括している。ユーロディズニーS.C.A.はEDAの82%のシェアキャピタルを保有する。残り18%は米ディズニー社の間接子会社、EDLコーポレーションS.C.A.とユーロディズニー・インベストメントSASの二社で保有している。ユーロディズニー・アソシエS.C.A.の有限責任社員はユーロディズニー・コモーディットSASというユーロディズニーS.C.A.とEDLコーポレーションSASとユーロディズニー・インベストメントSASの完全所有会社である。その管理者はユーロディズニーS.C.A.である。EDLホテルS.C.A.（EDL Hôtels S.C.A.）はEDAの完全子会社で、全ホテル（ディズニーランドホテルとデイヴィ・クロケット牧場を除く）とディズニー®ビレッジの運営をしている。Centre de Congrès Newport S.A.S.とは、フランスの合資会社でディズニー社の間接的完全所有子会社である。EDLホテルS.C.A.の土地リースに準じて、ニューポート・ベイ・クラブ®コンベンション・センターに融資し、獲得した[51]。

ユーロディズニーグループの持株会社ユーロディズニーS.C.A.は、ユーロディズニー・アソシエS.C.A.とEDLホテルズS.C.A.、ディズニーランド・パリの運営な

---

[51] Disneyland Paris HP「Group Structure」2013年10月7日アクセス
http://corporate.disneylandparis.com/corporate-responsibility/corporate-governance/index.xhtml#contentj

どの親会社で、それぞれフランスの株式会社の有限責任社員（société en commandite par actions）である。フランスの法律では、S.C.A.は経営責任、監査役会、海外企業の経営などを行う経営者間の特色を強調する。二社の法的な構造無限責任社員と有限責任社員から成る。第三に向けて無限責任社員（general partners）は無限責任を全債務者に責任を持つ。有限責任社員（limited partners）は株主である。彼らの権利は株式会社（SA：société anonyme：ソシエテ・アノニム：英語 Security Association）としての株式の構造と一致する。同社の株主は 1994 年以降異なる種類のストックオプションを実施している。ストックオプションは最長 8 年間有効である[52]。

　1987 年 3 月 24 日、ユーロディズニー・プロジェクトがユニークな観光地創造として、フランス政府、イルドフランス地方政府（Ile-de-France Regional Council）、セーヌエマヌル地域政府（Seine-et-Marne Departmental Council）、パリ郊外交通（Suburban Paris Transportation Authority：RATP）、公共計画審議会と米ディズニー社によって、マヌル・ラ・ヴァレ（Marne-la-Vallée：EPA-Marne）という新しい街の開発の契約が締結された[53]。

　2010 年にユーロディズニーの人事制度はフランス政府に認められることとなった。同年、ユーロディズニーはダイバーシティ・レーベル証書（Diversity Label Certificate）を受賞した。フランス規格協会（AFNOR：Association Françoise de Normalisation）から全種類の差別（障害者、性別、人種、民族等のマイノリティ差別）を廃止し、公平な昇進機会を提供したことが評価されたからである。ユーロディズニーはディズニー・ユニバーシティ（企業内大学：学校法人の大学ではなく、企業の人材育成のための研修所）で人材育成を行っている。そのため全従業員が研修を受け、新しい能力を身に付けたり、昇進したりすることができる。ユーロディズニーの従業員数は 1 万 5,000 名以上、平均年齢 35 歳で、うち 602 名が障害者雇用、平均勤続年数 14 年、約 13%が開業時からの従業員である。従業員の 86%が終身雇用契約である。従業員は 100 ヶ国以上の国籍で、20 ヶ国語が話され、500 種以上の職種があり、管理職の約 80%が内部昇進、毎年 2 万人程度の求職者がいる。5 万 5,000 人

---

[52] Disneyland Paris HP「Corporate Bodies」2013 年 10 月 7 日アクセス
http://corporate.disneylandparis.com/corporate-responsibility/corporate-governance/index.xhtml#contentj
[53] Disneyland Paris HP「Our Story」2013 年 5 月 3 日アクセス
http://corporate.disneylandparis.com/about-our-company/our-story/

程度の雇用が直接的または間接的に創出されている。これらの出典は 2011 年 12 月 31 日の「Social Report Effective[54]」である。

3. 開業期の経営不振と人員削減

　開業後 4 ヶ月経過した 1992 年 8 月、フランスの労組筋の情報によるとユーロディズニーは 5,000 人の人員削減を実施する、と日経新聞が報じた。初年度の赤字決算が確実視されて、人員削減は業績回復に向けた合理化の一環と見られた。テーマパーク隣接の 6 ホテルのうちの一つ「ニューポート・ホテル」を閉鎖することも検討していた。4 月開園から 6 月末までの来場客は約 360 万人と予測を下回る数字となった。来場内訳は英国、ドイツを中心とした外国からの来場客が約 260 万人、フランス人は約 100 万人で、予想以上に少なかった。これに初期投資の負担も重なり、9 月末で締める初年度決算は赤字見通しとなった。ユーロディズニーには臨時雇いの季節労働者も含め、約 1 万 7,000 人の従業員がいた。計画ではこのうち約 5,000 人を削減するという。農業補助問題をめぐる米仏間の対立を背景に、フランスの農業者がユーロディズニー周辺をトラクターで包囲する事件もあった[55]。

　開業 1 年後の 1993 年 9 月、ユーロディズニーは経営不振にあえいでいた。フランス政府の肝いりで開業したにもかかわらず、期待と裏腹に赤字は膨らむばかりであった。不動産開発の失敗により財務体質が悪化したのが主因であったが、欧州特有の文化土壌を無視するなど集客戦略の読み違いも災いしていた。開業後、初めての通年決算となった 1993 年 9 月期は、最終損益 20 億フラン（約 360 億円：1 フラン＝約 18 円）程度と大幅な赤字に陥る見込みであった。開業前の黒字予測は完全に外れ、収益改善の目途は全く立たなかった。借入金残高は 210 億フラン（約 3,780 億円）と、年間売上高の約 3 分の 1 に達した。金利支払い負担は年間 20 億フラン（約 360 億円）に上り、収益を圧迫していた。運転資金も不足し、親会社の米ディズニー社に資金援助を依頼せざるを得なくなった。開園から 1 年間で入場者数 1,500 万人とほぼ目標を達成したが、顧客単価は日米のディズニーランドより低かった。入場料、飲食、物品販売など顧客単価は見込んだ約 400 フラン（約 7,200 円）の 7 割程度（約

---

[54] Disneyland Paris HP「Our people」2013 年 10 月 7 日アクセス
http://corporate.disneylandparis.com/corporate-responsibility/our-people/index.xhtml
[55] 1992/08/10 日本経済新聞　夕刊 3 頁「ユーロディズニー、人員 5000 人削減を計画──初年度赤字で合理化、ホテル閉鎖も。」

5,040円)であった。ホテル代も最低550フラン（約9,900円）と割高で、利用率は68%と目標の80%に届かなかった。欧州通貨危機の影響も受けた。対フランで自国通貨の価値が目減りした英国やイタリアなどからの観光客が激減、ホテルの採算にも大きく響いた。欧州では夏の長い休暇を安上がりに過ごすため、フランス人の一日当たりのバカンス費用が日本人の6分の1、米国人の4分の1程度との調査結果もある。ユーロディズニーの期待に反して、欧州の人々は観光地で一度に贅沢な支出しない[56]。

　日本の東京ディズニーランド（TDL）は、入場料だけでなく飲食と物品販売で顧客単価を上げるのであるが、フランスではその二点が伸びないと思われる。日本人と違って、ヨーロッパ人は旅行先でそれほどお土産を買わない。アメリカ人ほど園内で飲食しない。アメリカのディズニーランドはTDLより飲食店数が多く、首からコーラとポップコーンの箱をぶら下げて、手にチキンやチュロスやアイスクリームを持って、食べながら歩いている人がたくさんいて驚いた。

　そして1993年10月、ユーロディズニーは大幅な人員削減に踏み切った。1万1,000人の全従業員のうち950人を削減する方針で組合との協議で最終決定した。削減対象は事務と管理職で、特に管理職では全体のほぼ39%に当たる500人を減らす。正規雇用からハーフタイムへの移行、子会社や下請け会社への配置転換などの緩やかな手段を優先する考えだが、削減規模が大きいため解雇も避けられない。巨額の借入金負担と経営不振にあえぎ、人件費を中心とした固定経費削減の両面作戦で経営再建を目指した。しかし経営再建の鍵となる第二期工事（第2パーク建設）については経営悪化で資金計画が進まず、フランス政府との契約調印は無期延期のまま計画全体の見直しを迫られていた[57]。

　1994年2月、ユーロディズニー再建に100億〜130億フラン（約1,800〜2,340億円）の資金が必要になった。ディズニー社が日米欧などの債権銀行団（約60行）に示したユーロディズニーの5年間の事業計画で、一部銀行が参加する80億フラン（約1,440億円）程度の増資と金利減免などで賄いたいとし、ディズニー社と債権銀行団が対立した。債権銀行団は仏パリ国立銀行（BNP）、インドスエズ銀行、英バ

---

[56] 1993/09/13日経産業新聞3頁「経営不振にあえぐ仏ユーロディズニー、「欧州の文化無視」響く。」
[57] 1993/10/20日経産業新聞3頁「ユーロディズニー、冬季ホテル料金下げ——不振打開へ950人削減も。」

ークレイズ銀行、日本長期信用銀行など9行を窓口にディズニー社と交渉した。この中でディズニー社が提案したのがユーロディズニーの事業計画で、人員削減追加、ホテルやレストランの合理化とそれに見合った料金の引き下げなどが柱で、利益回復のために最高130億フラン程度（約2,340億円）の追加資金が必要になると訴えた。米ディズニー社はユーロディズニーから徴収しているキャラクター商品のロイヤルティや経営指導料などの一部を減免する方針を発表した[58]。

つまりディズニー社がユーロディズニー再建支援に示した条件が人員削減であった。しかも、ユーロディズニー再建に少なくとも約1,800億円が必要になる見込みであった。大阪のユニバーサル・スタジオ・ジャパン（USJ）の初期投資額が約1,800億円であった。最初のUSJがもう一つできる金額がユーロディズニー再建に必要となった。

4．クリスマスから年末年始のストライキ

1990年代の経営不振と改革を経て、2000年に近づくとユーロディズニーの業績が上がってきていた。

しかしながら、1999年12月、ユーロディズニーがクリスマスから年末にかけてストライキを実施する可能性が大きくなったと報道された。会社と労働組合が年末勤務に対するボーナスと次年の賃上げ交渉で決裂したためであった。大晦日には準備に1年以上かけたミレニアムパーティを予定していただけに影響は大きい。労働組合は大晦日勤務に対し2,000フラン（約3万2,000円）の臨時ボーナスと3日間の振替休暇を要求した。会社は、休暇は認めるもののボーナスを700フランと回答した[59]。

日経各紙で報道されたのはここまでであるため、実際にストライキが行われたか不明である。フランスのような敬虔なカトリックの国で大晦日に勤務してもらうなら、3万円程度の臨時ボーナスと3日間の振替休日を要求されるのは当然であろう。日本ほど休日勤務に対して寛容ではない。しかも気候も東京の12月よりはるかに寒い。日本人が休日出勤やサービス残業に寛容すぎるとも言える。

---

[58] 1994/02/24 日本経済新聞　夕刊5頁「仏ユーロディズニー再建、100-130億フラン必要。」
[59] 1999/12/22 日本経済新聞　夕刊2頁「仏のディズニーランド、賃上げ交渉決裂で年末ストの可能性。」

5．まとめ

　本章では、ユーロディズニーの経営不振とそれに伴う人員削減の経緯を考察した。

　開業前はディズニーランドを開業すれば東京のようになるはずだったのであろうが、ユーロディズニーは絶不調であった。開業 4 ヶ月で 5,000 人の人員削減を発表した。東京では考えられない経営不振である。この情報がフランスの労組筋から入ったことから、ユーロディズニーでは労組が活発に活動していると推測できる。

　ユーロディズニーの開業初年度（1992 年度）の入場者数は 1,500 万人と、東京ディズニーランド・東京ディズニーシー（TDL・TDS）の初年度入場者数よりも多い。TDL 開業の 1983 年の入場者数は 1,000 万人強であった。現在も TDL・TDS それぞれ毎年 1,150 － 1,600 万人程度である。ユーロディズニーは開業年度から世界トップクラスの集客力であった。それなのにこれほど「ユーロディズニー失敗説」（中島,2014, 第 4 章）が根強いのはなぜであろう。その一因は、ヨーロッパ人が飲食と物品販売にそれほど支出しないからであろう。ヨーロッパ人はアメリカ人ほど飲食に支出せず、日本人ほどお土産を買わない。ユーロディズニーでは園内でミッキーマウス等の耳のカチューシャ等、園内で飾って楽しむ装飾品が流行っていない。世界のディズニーランドの中で、キャラクターの耳や帽子を着けるのは東京で異常に流行っている。日本人はそういうものだと思っているが、世界標準ではない。そのためユーロディズニーは入場料収入以外が少なく、顧客単価が低いのであろう。ユーロディズニーは売上に占める入場料、飲食棟の割合を公表していないため、この点は推測である。

　開業から 1 年 6 ヶ月後の 1993 年 10 月、ユーロディズニーは大幅な人員削減に踏み切った。1 万 1,000 人の全従業員のうち 950 人を削減する方針で組合との協議で最終決定した。現場ではなく事務職と管理職を減らした。その際、会社は労組と討議したことから、労組はそれなりに機能していたのだろう。

　1994 年 2 月、ディズニー社はユーロディズニー再建計画を銀行に示した。その計画に人員削減の追加があった。それ以外にホテルやレストランの合理化とそれに見合った料金の引き下げなど様々な策を講じた。

　1999 年 12 月のクリスマスから年始にかけてストライキを実施する可能性が報道された。会社と労組が年末勤務に対するボーナスと次年の賃上げ交渉で決裂したためであった。日本の労組がおとなしいのに対し、ユーロディズニーの労組は積極的に経営陣に要求する方針のようである。

東京と違ってユーロディズニーは開業と同時に経営不振で巨額の借入金と過剰人員を抱えた。経営難に陥ったユーロディズニーは親会社のディズニー社に支援を求めると、さらなる人員削減が再建計画に盛り込まれるなど、人員削減に踏み切ろうとした。TDR は開業と同時に絶好調であったため、ディズニー社に支援を求めて人員削減を要請されることなど全くなく、先鋭な労使関係になることはなかった。そのため日本的経営で一般的な好業績に支えられた労使協調路線の御用組合となって定着したのであろう。1983 年の開業以来、一度のストライキも正社員の人員削減も報道されていない。

　本章の限界は、ここまでしか日本で報道されていないため情報が無いことである。フランス語の HP にはもっと情報があるかも知れない。本章の貢献は、労組が活発に活動しているユーロディズニーの人員削減と労組の存在を初めて明らかにしたことである。

＜参考文献＞
● 　中島　恵（2014）『ディズニーランドの国際展開戦略』三恵社

短編　ハリウッドでの解雇劇

　ディズニーといえばハリウッドビッグ 6 の一社である。ハリウッドには世界中から役者、監督、脚本家、音響、映像、ヘアメイク、スタイリストなどを目指してやってくる。そして大半の人が低賃金・重労働・長時間労働で限界に達して辞めていく。

　ハリウッドは生き馬の目を抜く激しい競争社会である。ディズニー社だけが激烈な戦いをしているわけではない。競争社会で成果主義のハリウッドらしく、情け容赦なく首になる。アメリカの労働法では解雇は合法である。日本では正社員の解雇は基本的に禁止されているので、首が一般的ではない日本社会に慣れている人には過激と思うだろう。

　本編では、ハリウッドでの解雇劇を二つ紹介する。

● 　ユニバーサル・スタジオの元従業員、解雇の怨恨で乱射事件

　1993 年 4 月 20 日午前 10 時 15 分頃（ロサンゼルス時間）、ロサンゼルス郊外のユニバーサルシティにある MCA の本社ビルで発砲事件があり、9 人が負傷した。ユニバーサル・スタジオの元従業員が本社前庭で狩猟用ライフル銃を乱射した。犯人の男はその場で逮捕されたが、一時解雇されたことからの怨恨が原因と地元警察はみていた[60]。

　MCA は映画やテーマパーク（ユニバーサル・スタジオ）を経営する総合エンターテイメント企業で、松下電器産業（現 Panasonic）が 1990 年に買収した。その後、カナダやフランス企業に買収され、さらにアメリカ企業に買収された。現在の社名をコムキャスト NBC ユニバーサルという。

　簡潔に言うと、ユニバーサル・スタジオの元従業員が首になったことを恨んで本社ビルで乱射事件を起こしたのである。アメリカでは珍しくない事件である。問題はこの乱射事件が起こった 1993 年に同社は松下電器に買収されて日本企業になっていたことである。

　一時解雇をレイオフ（Layoff）という。日本には無い制度である。アメリカの労働法では業績不振の時は従業員の一時解雇を認めている。企業の業績が戻ったらまた

---

[60] 1993/04/21 日本経済新聞　名古屋夕刊　社会面 36 頁「米 MCA 本社ビル、元従業員発砲 9 人が負傷。」

呼び戻される前提である。ハリウッドの映画会社大手でも当然のようにレイオフが行われている。日本の大手企業と違って雇用の安定など無い。

　ハリウッドでは、その会社と仕事をするのではなく、その人と仕事をする。だから優良企業に採用されただけでは安泰ではない。日本企業では、その人と仕事をするのではなく、その会社と仕事をする傾向が強い。いい会社に就職すると勘違いして会社の肩書きに胡座をかく人が多い。ハリウッドではその人の能力が評価されるため、解雇されてから個人で仕事を取ってくることが可能である。そこは日本では難しい。日本企業のように、真面目に働いていれば解雇されないことが前提にならない。しかし解雇されて社名の肩書きを失っても実力があればその仕事はできる。日本のようにその企業の仕事を人事異動で全て経験するゼネラリストではなく、全員が専門職である。

　ハリウッドでの仕事獲得は裏の人間関係で全て決まる。このような怨恨乱射事件を起こすと今後仕事を得にくくなるだろう。実力があればユニバーサル・スタジオ（当時の MCA）の従業員でなくとも仕事は得られる。

● 　ルーカスフィルムの開発エンジニア解雇

　ルーカスフィルムは、ジョージ・ルーカス監督が 1971 年に設立した企業である。代表作「スター・ウォーズ」シリーズは最先端の映像・音響技術を駆使して世界的大ヒット作となった。しかし 2012 年にウォルト・ディズニー社に買収され、ディズニー傘下の映画製作会社となった。買収額は 40 億 5,000 万ドル（約 3,760 億円）であった。ルーカスフィルムは 2013 年 4 月にゲームの自社制作を打ち切って、大作「スター・ウォーズ」の映画製作に注力した。事業戦略の転換で収益拡大を目指すと、米メディアが同月 3 日に報じた。自社制作を打ち切ったのはルーカスフィルムのゲーム制作部門「ルーカスアーツ」である。「スター・ウォーズ」関連の 2 作品の制作を中止した。そして開発エンジニアらを解雇した。ルーカスフィルムは今後、「スター・ウォーズ」関連など同社が抱える作品の利用権をディズニーグループ内外の他のゲーム会社に供与し、ルーカスフィルムは映画製作に専念する。ルーカスフィルムは 2015 年公開を目指し、「スター・ウォーズ」の 7 作目「エピソード 7」の製作を進めていた。その後も 9 作目までの続編製作を計画しており、経営資源を映画に集中する。ルーカスアーツは 1982 年、ルーカスフィルムのゲーム開発部門として発足した。1990 年代に冒険ゲーム「モンキーアイランド」シリーズなどで一時代を築いた

が、その後は「スター・ウォーズ」や冒険映画「インディ・ジョーンズ」などルーカスフィルムが手掛ける大作を題材としたゲームの制作に留まっていた[61]。

　映画製作は当たり外れが巨大でギャンブル性が高い。映画をテーマにしたゲームの製作もおそらく当たり外れが大きくギャンブル性が高いのであろう。ディズニー社はコンテンツの二次利用、三次利用、国際展開によって収益を上げる複合巨大メディア企業である。ルーカスフィルムほどの知名度やブランド力があっても、ハリウッドビッグ6に買収されて傘下に入らなければ、資金調達やヒットしなかった映画の損失を吸収できないのではないか。ルーカスフィルムでも開発エンジニアを解雇することとなった。

　なお、ジョージ・ルーカス監督の2016年の純資産は46億ドル（約4,600億円）である[62]。46億ドルは4.6ビリオンドルなのでビリオネアである。

　このように、MCA（ユニバーサル・スタジオを経営する大手映画会社）やルーカスフィルムほどの実力があっても従業員を抱えきれなくなったら解雇する。収益性の高い事業に経営資源を集中させるため採算性の低い事業からは撤退する。撤退した事業の全員が解雇される。その後、元MCAや元ルーカスフィルムの肩書きを持って次の職を探すのである。あきらめて一般の仕事に就く人もいるだろう。それだと専門性の低いサービス業の店舗店員などになるケースが多いはずである。才能勝負の世界に飛び込んだのである。成功するか、成功しないである程度であきらめて地道な仕事を探すか、どちらかである。

---

[61] 2013/04/05 日経産業新聞3頁「米ルーカスフィルム、ゲーム制作打ち切り、映画専念で収益拡大。」

[62] Forbes400: The Full List Of The Richest People In America 2016, 2017年4月19日アクセス　https://www.forbes.com/sites/chasewithorn/2016/10/04/forbes-400-the-full-list-of-the-richest-people-in-america-2016/#df4e80022f4b

短編　ディズニー社の給料と労働意識改革

　夢を壊して悪いが、これだけ知名度、ブランド力ある大企業なのに、ウォルト・ディズニー社の給料が安いとご存じだろうか。

　ディズニー社の給料の安さはウォルト時代に始まった。ウォルトは給料に関していわゆるケチだったようである。これは 1991 年にアメリカで出版された著書『THE DISNEY TOUCH』（Ron Grover 著）に書かれている。その邦訳は翌 1992 年に出版された『ディズニー・タッチ』（仙名紀訳）である。

　ウォルトがケチだったというよりも、アメリカで才能ある人材に高額報酬を支払う時代の前だったからかも知れない。

● 　アイズナーによる優秀人材の給料改革

　1966 年にウォルトが突然病死して、ディズニー社は急速にクリエイティビティを失って失速し、長期間低迷した。1984 年に同業のパラマウント映画から敏腕経営者で敏腕プロデューサーのマイケル・アイズナー氏がヘッドハンティングされて会長兼 CEO に就任した。このアイズナー氏が誰も予想しなかった巨大優良企業にディズニー社を押し上げた。

　1984 年に会長兼 CEO に就任したアイズナー氏は人事改革を開始した。数ヶ月かけてハリウッドで前例が無いほど強力で優秀な人材を集め、会社再建のためのメンバーを揃えた。このメンバーは後に「チーム・ディズニー」と呼ばれるようになった。ハリウッドと金融業界から最高の人材を引き抜くために低賃金にケチなボーナスという従来の役員会の考え方を 180 度転換しなければならなかった。給料の安さはウォルト時代から受け継がれている悪癖の一つだった。家族経営の会社の多くがそうであるように、ウォルトと兄ロイ・ディズニーは優秀な人材に高い給料を払うことを拒んだ（Grover, 1991, 邦訳 77-78 頁）。

　しかし 1980 年代半ばになると、ハリウッドの給与水準はうなぎ登りに上がっていた。スティーブン・スピルバーグ監督（代表作『ジュラシックパーク』）ほどの監督になると映画一本撮るごとに軽く 500 万ドルは要求した。売れっ子俳優なら 100 万ドルかそれ以上になるのが普通であった。ハリウッドのトップクラスの経営陣も同様で、パラマウント映画でアイズナー氏はボーナスを含めた年俸で 200 万ドル以上、マーケティング部門の責任者だったフランク・マンキューソは 80 万ドル以上とって

いた（1983 年当時）。それに比べて、ディズニー社の給与水準は極めて低かった。CEO のロン・ミラー・ディズニー（ウォルト・ディズニーの長女の夫で跡取り）の年俸は 1984 年に更新されたが、39 万 566 ドルから 50 万ドルに増えただけであった。ボーナスの取り決めは無く、ストックオプションが少々付いているだけだった。ディズニー社の給与水準が非常に低いため、給料コンサルタントのグレイフ・S・クリスタルは業界の給料統計からディズニー社を外していた。ディズニー社の給料が業界の水準を下げてしまい、他社の役員がより高い給料を要求できなくなるからであった。他方、ディズニー社の役員でロイ・エドワード・ディズニー（ウォルト・ディズニーの甥）のプライベート投資会社の CEO を勤めていたスタンレー・ゴールドは「ディズニー社の給料が安いのはハリウッドの伝説になっていた。あれではカメラの前に立つにも後ろで働くにも、有能な人は来ない。どこへも行き場のない人が集まるところだった。」と言う（Grover, 1991, 邦訳 78-79 頁）。

　アイズナーが最終的に契約した年報は、前職のパラマウントで 75 万ドルだったのでディズニー社で同額と、50 万株分のストックオプションを要求し、役員会で承認された。ハリウッドの一流プロデューサーの給料にしてはささやかであった。しかし急激に上向く可能性ある次の 2 条項が抱き合わせで含まれていた。①前代のトップマネジメント、ロン・ミラー・ディズニーとカード・ウォーカーの時より純利益が増えたら増収分の一部をアイズナーと新社長兼 COO フランク・ウェルズが一定の比率で受け取る。それまでの 5 年間の純利益の伸びは平均 9% 弱だった。アイズナー政権になってから、年間 9% 以上成長させたら、成長させた額の 2%（約 1 億ドル）を受け取るという契約をした。②ストックオプションをアイズナー氏に有利に設定した（Grover, 1991, 邦訳 79-81 頁）。

　アイズナー氏は必要な人材を役員に迎えるためには財布の紐を緩めるべきと主張し、1984 年 11 月の役員会で役員報酬の大幅な改定案が承認された。ボーナスが増え、ストックオプションの制度が改められた。社外取締役にも最大 170 万株までのオプション権が与えられた。役員会は業績を上げた幹部社員に豊富なボーナスを支払えるように社内規定を改めた。最初の年は 350 万ドルの現金を積み立て、翌年のボーナス用にした。アイズナー氏が就任した 3 年間で幹部社員に支給されたボーナス総額約 1,800 万ドルに達した。この給料改革は従来の経営方針や慣行を根本から変えるものだった。新たに設けられたストックオプションや、ウォルトが知ったら眉をひそめたような高額の給料を出せるようにしたことで、有能な幹部を迎えるお膳

立てが整った。1984 年当時、最も人材に窮していたのは映画部門で、駄作映画ばかりであった。アイズナー氏のキャリアの中では、最初の大手テレビ局 ABC でも次のパラマウント映画でも張り詰めた空気が無かった。しかし ABC とパラマウント映画で猛烈に働くことと斬新なアイディアで再建が達成された。映画プロデューサーのアイズナー氏はいくらでも新作映画のアイディアを出すことができた。それを売れる映画に仕上げるために、従業員にがむしゃらに仕事をする勤労意欲を植え付けなければならなかった。狂気と紙一重の猛烈さである。前職パラマウント映画のモットーは「契約交渉は厳しく、仕事は更に厳しく」である（Grover, 1991, 邦訳 81-84 頁）。

● アイズナーによる労働意識改革と解雇

　アイズナー氏は映画製作スタッフの仕事ぶりも改革した。1984 年就任時に 1,400 人いたスタッフは、ロン・ミラー・ディズニーとカード・ウォーカー時代ののんびりムードに慣れきっていた。ロン・ミラー・ディズニーはよく昼間から出かけてカードゲームに没頭していたし、3 時に仕事を切り上げて最寄りのゴルフ場に出かけることもしばしばあった。社員たちもそれにならう傾向にあった。社内には外界に無関心な風潮があり、大学のキャンパスと変わりなかった。アイズナー氏はパラマウント映画の勤労意識をディズニー社に持ち込んだ。アイズナー改革でヘッドハンティングしてきた役員も勤勉であった。新経営陣と歩調を合わせて働く気が無い者は去れというメッセージであった。前代の役員は辞めていった。1985 年初めまでにアイズナー氏は<u>スタッフ 400 人以上の首</u>を切った。アンクル（伯父さん）・ウォルトと温かい会社に優しく守られてきた過保護なスタッフに強烈なパンチを見舞った。ディズニー・スタジオ（映画部門）で製作する映画が年間ほんの数本しかなくなったときでもスタッフ数は増えていた。屋外のセットで裏方として働く人たち（ペンキ塗り職人、大工、技師など）が何百人といた。そのようなほとんど仕事の無い職人たちはほとんど解雇された。12 人のスチール写真家グループも解雇された。彼らはディズニー・スタジオの主な行事を残らず記録して後世に伝えよというウォルトの命令で雇われた。アイズナー改革では、解雇を進める中で有能な人材を雇い始めた。ほとんどが前職パラマウント映画からであった。1985 年春までに「チーム・ディズニー」のメンバーが整い始めた。30 人近い幹部社員が以前のボス、アイズナー氏を慕って転職してきた（Grover, 1991, 邦訳 87-89 頁）。

つまりウォルトと兄ロイ・ディズニー時代に雇われたスタッフはのんびり働いていた。特にウォルトの長女の夫ロン・ミラー・ディズニーは遊んでいるだけの無能経営者と考えてよさそうである。1966 年にウォルトが急死してからこの状態に陥り1984 年まで続いては低迷するのも無理はない。1984 年にはディズニー社の株価が低迷して会社乗っ取り（テイクオーバー）の危機に陥り、アメリカで連日報道されていた。のんびり働く社風では 1980 年代以降は生き残れないだろう。

　またハリウッドは人脈戦、裏の人間関係で全て決まる、恩義がものを言う世界である。アイズナー改革では前職のパラマウント映画からほとんどの人材がヘッドハンティングされたことが明らかになった。強烈な人柄のアイズナー氏であるが、敵は多いが仕事能力を高く買っている味方も多いタイプと推測できる。

　アイズナー改革で改善されたのは有能人材の給与とボーナスで、テーマパーク等の現場で働く「普通の人」の給与は低いままのようである。労働者の大半は普通の人である。

＜参考文献＞

● 　Grover, Ron (1991) *THE DISNY TOUCH*, Richard D. Irwin, Inc., (仙名紀訳
　　(1992)『ディズニー・タッチ』ダイヤモンド社)

第Ⅲ部　国内編

短編　「夢と魔法の王国」の御用組合
－オリエンタルランドの労働組合－

> 本編は筆者がブログに載せた記事である。思った以上にアクセ
> ス数が多いので、本書の一編にすることにした。これに対する世
> 間の関心の強さが分かったため、ディズニーの労働問題で一冊書
> く決意をした。記念すべき記事である。オリエンタルランドの労
> 働組合に関する詳しい内容は本編以降に続く。

　東京ディズニーリゾート（TDR）を経営するオリエンタルランドの労働組合はど
のような性格の組織なのだろうか。

　東京ディズニーランド（TDL）開業から5年目の1988年、TDLは大成功し、有
名になっていた。その頃、TDLの労働組合（労組：ろうそ）が、組合名、役職名、
大会名を全てカタカナにしたユニークな労組として日経新聞で「おとぎの国の明る
い闘争」として報道された。TDLを経営するオリエンタルランドの従業員が1987年
2月に結成した。組合名はOFS（オフス：オリエンタルランド・フレンドシップ・
ソサイエティ）、委員長はチェアマン、執行委員はエグゼクティブ、大会名オールメ
ンバーズ・ミーティングである。若いメンバー（組合員）に向けて労組の暗いイメー
ジを一掃する目的であった。組合の組織率が年々低下し、若年層の組合離れが進む
中、上部団体のゼンセン同盟や他の単産が労組のニューウエーブと注目していた。
1983年4月のTDL開業とほぼ同時に誕生した社員親睦会が組合の役割を果たして
いたが、「将来、経営の悪化やトップの交代があった時、親睦会のままでは心配」と
の声が高まり、正式労組としてOFSが誕生した。しかし組合旗、鉢巻、ビラはなく、
代わりにファッションブランドを思わす金色鮮やかなロゴマークをつくった。チェ
アマンの佐藤健司氏は、メンバー1,860人の平均年齢が27.5歳の若い組合で、従来
の労組にとらわれず、メンバーと気軽にコミュニケーションが図れる明るい雰囲気
づくりをめざしたとコメントした。1988年3月、OFSは初めて本格的な春闘を迎え
たが、「春闘」という言葉も使わず、賃上げ要望書も提出しなかった。労使のミー
ティングの場で決めていく方針であった。アメリカのディズニーランドで1984年秋に

賃金凍結をめぐって 3 週間のストライキがあったことについて佐藤氏は、「イメージが売り物のレジャー産業であってはならないこと」と労使協調路線を強調した。今後の課題として佐藤氏は、①浦安市最大の企業労組として市議会など政治への参加、②約 7,400 人のパートタイマーの組織化をどうするかを挙げた。若年層を中心とした労働者の意識の変化、パートタイマー増加などから全国の労組の組織率は 27.6%（労働省調べ、1987 年 6 月末）と、12 年連続低下していた。産業別雇用者数で 2 位でありながら組織率が 16.7%と低いサービス業での組織化は労働界にとって緊急課題であった。OFS の上部団体、ゼンセン同盟の三ツ木宣武組織局長は「今の若い人には労働者という意識がない。例えばブティックの店員をハウスマヌカンと呼ぶように横文字の方が若者に受け入れられやすいわけで、OFS の出現も時代の流れと言える」と分析している[63]。

　日経各紙でオリエンタルランドの労組が報道されたのはこれだけである。それ以外は、ゼンセン同盟に所属する労組一覧にオリエンタルランドが箇条書きで載っているだけである。

　ゼンセン同盟とは、2017 年現在 UA ゼンセン、全国繊維化学食品流通サービス一般労働組合同盟の略で通称である。オリエンタルランドは総合サービス部門（827 組合、約 41 万人）に所属している。「オリエンタルランド」としてではなく、「東京ディズニーリゾート」として加盟している。東京ディズニーリゾート（TDR）内のパートナーホテルの「オリエンタルホテル東京ベイ」（旧新浦安オリエンタルホテル、オリエンタルランドの子会社ではなく、資本関係無し）、2013 年 2 月に買収してオリエンタルランド傘下とした「ブライトンホテルズ」もここに加盟している。TDR 以外のテーマパークでは「後楽園」「ユニバーサル・スタジオ・ジャパン」「ホークスタウン」「ハウステンボス」「シーガイア」もここに加盟している[64]。

　この労組 OFS の初代委員長（チェアマン）の佐藤氏は、アメリカのディズニーランドで 3 週間のストライキがあったことについて、イメージが重要なレジャー産業であってはならないこととコメントしたことから、労組幹部として会社と闘う方針

---

[63] 1988/03/17 日本経済新聞　夕刊 19 頁「東京ディズニーランド、おとぎの国の明るい闘争——用語すべて横文字（88 春闘前線）」
[64] UA ゼンセン「加盟組合」2013 年 11 月 16 日アクセス
http://www.uazensen.jp/about/kamei.html

ではなく、労使協調という名の御用組合と考えられる。その後もオリエンタルランドの労組の活動が報道されないことからも温厚で従順な労組と推測できる。

アメリカのディズニーランドでのストライキとは、1984 年 9 月 25 日から約 3 週間続いた 1,884 人の従業員によるストライキで、労使協約改定交渉決裂による 14 年ぶりに起こったストライキである。カリフォルニア州アナハイムのディズニーランドでストライキが続けられる中、営業は平常通り行われたが、プラカードを掲げた従業員がピケットラインを張る中を異来場者は入園していった。周辺のホテル業者はストライキを嫌った客離れに悲鳴の声を上げていた。会社は同年 9 月初めに入場者の頭打ちなどを理由に 16%の賃金カットを提示したが、景気回復に沸くアメリカ産業界の実態を目のあたりにした組合は猛反発した。「地球上、最も楽しい場所」という有名な看板を掲げたディズニーランドで 3 週間もストライキが行われ、イメージ低下につながった[65]。

1988 年当時の日本はバブル景気であった。オリエンタルランドは開業以来の急成長が続き、有名企業となっていた。この頃から銀行借入による初期投資を回収し、黒字を出せるようになっていた。その段階では、労組幹部は会社と闘う姿勢を見せる必要は無かっただろう。初代チェアマン（委員長）の佐藤氏はどのように選出されたのだろうか。

2010 年に福島文二郎氏の『9 割がバイトでも最高のスタッフが育つディズニーの教え方』がヒットし、オリエンタルランドの従業員に占めるアルバイトの比率が約 90%だということが周知された。

全従業員の何%が労組に入っているかを組織率という。従業員にはパート・アルバイトが含まれる。労組は組織率を高めたいが、サービス業では従業員に占める正社員比率が低く、組織率は低い傾向にある。労組は過半代表権を握り、会社と交渉したい。弱い立場の非正規従業員こそ労組に入って守られるべきであるが、「キャストの世界観」を形成するほどホスピタリティ志向の強い陶酔したキャストが春闘などでオリエンタルランドと闘うとは考えにくい。アルバイトから契約社員に、そして契約社員から正社員に上がりたいキャストにとっては、組合活動は控えたいであろう。そのような知恵や知識が無い若年者が多いのだろう。日本の若年者なら、ストライキという

---

[65] 1984/10/05 日本経済新聞　夕刊 3 頁「危うし、ディズニー王国——株集め、ストに揺らぐ（ニュースの周辺）」

名前は知っていても、それが何かほとんど知らないだろう。労働条件に不満があって
もストライキや労組の交渉を通して改善しようと考えないのであろう。

　キャストは夢を壊すことを絶対しないように教育されている。そのため労働条件
に不満があっても夢を壊す発言をしないのであろう。キャスト同士で教育し合う風
土であるため、一人だけ会社の方針に反論することは難しいのではないか。

　このような背景から、オリエンタルランドの労組はほとんど存在感も活動も無い
ので、特に何も報道されないのであろう。

　それに比べて、アメリカとフランスのディズニーランドの従業員は、日本と違って
活発に労使交渉やストライキを行っている。おそらく国民性の違いであろう。

　さらに、アメリカやフランスの労働法は日本の労働法と大きく違う。アメリカの労
働法は業績低迷事業のレイオフ（一時解雇）を認めている。フランスではストライキ
が何回か発生している。その一環でディズニーランドの従業員も賃上げ（賃金を上げ
る）要請をしたのであろう。

　同じディズニーランドの従業員とは思えないほど、アメリカとフランスの従業員
は活発に労働運動をしている。これが一般的なアメリカ人労働者、フランス人労働者
である。ディズニーは「夢と魔法の王国」と言うキャッチフレーズを好んで使う。し
かしそこで働くとなったら、夢でも魔法でもない。現実的な労働である。

第6章　オリエンタルランドの非正規雇用問題

> 本章はオリエンタルランド・ユニオンにインタビュー調査に行く
> 前に、収集できた資料を駆使して書いた概論である。

1．はじめに

　東京ディズニーリゾート（TDR）で働くことは楽しそうに見えるせいか、オリエンタルランドは大学生の人気就職先ランキングで上位に来る人気企業である。キャストと呼ばれるアルバイトも若年層に人気のアルバイトである。しかし実際に働くとなると様々な問題があるようである。

　本章では、オリエンタルランドの非正規雇用問題を考察する。2000年代前半からオリエンタルランドの非正規雇用問題は目立たないが起こっていた。

2．オリエンタルランドの非正規雇用問題
(1) アルバイトの社会保険未加入

　オリエンタルランドの非正規雇用問題が最初に露見したのは2000年である。2000年8月、オリエンタルランドがアルバイトのうち約1,600人の厚生年金の加入手続きを怠っていたと船橋社会保険事務所から指摘され、過去にさかのぼって保険料支払いを求めていると報道された。未納入の本人負担分は健康保険料も含め合計約2億1,000万円で、雇用期間などに応じて一人数万円から最高80万円になると同社は説明した。当時約1万2,000人のアルバイトのうち厚生年金の加入者は約2,000人であった。しかし、2000年6月から7月にかけ社会保険事務所が「月17日、112時間以上の雇用が2カ月間継続していた場合」を厚生年金加入基準として勤務実態を調べた結果、1,608人の加入漏れが指摘された。同社はアルバイトの社会保険加入基準は勤務日数、勤務時間が正社員の四分の三以上とされることから、月16日、週28時間以上継続する場合をめどに加入手続きを進めた[66]。

　そしてオリエンタルランドは厚生年金保険と健康保険に未加入のアルバイト1,608人に対し、請求した従業員負担分計約2億1,000万円に限り全額負担するこ

---

[66] 2000年8月20日　朝日新聞　朝刊　面名：2社会 38頁「1600人が年金加入漏れ　東京ディズニーランドのバイト」

とを決め、23 日に対象となるアルバイトに郵送で通知した。同月末に船橋社会保険事務所などに支払う。同社は問題が報道された後の 21 日、従業員代表と話し合い、急な請求で個人によっては高額になるとの理由から、今回請求分に限り会社側の全額負担を決めた[67]。

(2) ダンサー労災認定問題

2007 年、ダンサーの労災認定問題が報道された。TDR のパレードに参加していたダンサーが怪我をしたものの、業者を間に挟んだ業務請負契約だったのでオリエンタルランドは「ダンサーとは雇用契約を締結しているわけではない」と主張したが、勤務実態から「労働者性」が認められ、業務上労災と認定されるに至った。その後、オリエンタルランドはダンサーなどの数百人の出演者に関して業務請負契約から直接雇用へ移行した[68]。

ダンサーたちは労働法が適用されず、社会保険も全額自己負担の「個人請負」と『週刊東洋経済』（2007 年 1 月号）で報道された。ダンサーは硬いアスファルトの道路上でジャンプ、回転など膝に負担の大きい動作を繰り返す。夜間パレードでは姿が光るようにバッテリーを背中に背負い、電飾が仕込まれた道具を持って踊る。コスチュームによっては重さ 10 キログラムを超える。クラシック、モダンダンスを学んだ山本伸一さん（仮名、当時 39 歳）は、オリエンタルランドと業務請負契約を結んだ。ダンサーとして活躍していたが、両膝の違和感と痛みが悪化して両膝蓋靭帯炎症を発症した。1 年の契約期間が切れ解雇された。手術も行ったが今でも両膝痛が続き、走れず回転もできないためダンスの仕事は断念した。オリエンタルランドは 2007 年 4 月から 800 人の出演者の 9 割を請負契約から雇用契約へと転換していく[69]。

(3) 出演者の雇止め、偽装請負の疑い

2013 年 6 月、オリエンタルランドはショーのリニューアルに伴う雇止めを行った。レギュラーショーおよびスペシャルイベントに、それぞれ 7〜17 年間にわたり請負

---

[67] 2000/08/24 毎日新聞　朝刊 26 頁「TDL の準社員保険料未払い、会社側が全額負担」
[68] Livedoor NEWS「ディズニーに再燃する過酷な労働（2014 年 6 月 22 日）」2016 年 4 月 26 日　アクセス　http://news.livedoor.com/article/detail/8964661/
[69] 2007/01/13 週刊東洋経済 54-57 頁「［特集］雇用破壊−「個人請負」という名の悲惨−「労働者」の権利を持たない労働者たち」

118

契約で出演してきた出演者たちがショーのリニューアルオープンという名目で同年3月末での雇止めを通告された。出演者たちは「このままでは夢の場がブラック化しかねない」としてオリエンタルランドに直接雇用を求め、オリエンタルランド・ユニオンという労働組合を結成した。同ユニオンは同年3月にオリエンタルランドに対し団体交渉の開催を求めたが、オリエンタルランドは請負業者と請負契約を結んでいる「注文主」にすぎず、雇用契約も指揮命令関係もなければ労務管理にも関与していないので「使用者」ではないという理由で団体交渉を拒否した。しかし「ショー出演者の一日は、出勤から退勤までの間『準備・ショー出演・待機』の繰り返しだが、この間の指揮命令のほとんどをオリエンタルランドのステージマネージャーから受けていた」「オリエンタルランドが技術指導を行っている。オリエンタルランドが用意した台本、振り付け通りにやらなければ注意される。ショーの出演者に裁量権はなく、アドリブは原則禁止だった」「リハーサル後にオリエンタルランドがリハーサル参加者の中から出演可能者を選別していた」といった事実から、同年4月28日に同ユニオンの組合員は、オリエンタルランドにおける<u>就業実態は偽装請負で職業安定法44条に抵触しているのではないか</u>と東京労働局に申告した。これまでも出演者やアルバイト（キャスト）の使い捨て問題が報道されたことはあったが、当事者が声を上げるのは異例のことであった。出演者によると「ショーの出演時間は1日5時間45分となっている。しかし出演と出演の間の時間があるから、拘束時間はもっと長い。でもその時間は休憩時間とされて、賃金が支払われない。出演者に何かあったときのために待機している時間なのに、賃金の対象でないとされている」[70]。

ダンサー労災認定問題では、TDRのパレードに参加していたダンサーが怪我をしたものの、業者を間に挟んだ業務請負契約だったことから、オリエンタルランドは「ダンサーとは雇用契約を締結しているわけではない」と主張したが、勤務実態から労働者性が認められ、業務上労災と認定されるに至った。オリエンタルランドはダンサーなどの数百人の出演者に関して業務請負契約から直接雇用へ移行するものと見らたが、現実には出演者の多くは業務請負契約が続いている。「2007年に問題視されたダンサー部門の一部はその後、オリエンタルランドの直接雇用となりましたが、いまだに多くの出演者はオリエンタルランドと業務請負契約をした中間業者と1年

---

[70] Business Journal「ディズニーリゾート、突然の解雇めぐり従業員が会社を告発、偽装請負と劣悪環境の疑い（2014年5月22日）」2016年4月20日アクセス　http://biz-journal.jp/2014/05/post_4918.html

更新で業務請負契約を結ばざるを得ない不安定な状態にあります。それぞれが個人事業主で健康保険も自分で加入し、雇用保険も労災保険も適用対象外となっている人もいます」（同ユニオン）。同ユニオンによれば、オリエンタルランドはパレードやショー運営に関しては複数の中間業者と業務請負契約を結び、その中間業者がアルバイト情報誌などで人材を募集し、オリエンタルランドはその人材の中から選別し、出演者として育成してきた。「請負といいながら、オリエンタルランドが時間管理や技術指導を行っている。オリエンタルランドが用意した台本、振り付け通りにやらなければ注意されます。ショーの出演者に裁量権はなく、アドリブは原則禁止だった」（同ユニオン）ために、就業実態は事実上の派遣形態をとっていた。「オリエンタルランドは、これまでも見てみぬふりを続けてきました。最小限の人数で回すことを余儀なくされた現場はブラック企業化し、疲弊しています。疲弊しているうえに出演者は怪我をしても自己責任で、『怪我をして動けないのなら仕事を辞めろ』『妊娠したら仕事を辞めろ』などと中間会社から言われ、泣き寝入りして辞めていく人が多い。オリエンタルランドに直接相談しようものなら、契約先の中間会社の社長から『俺の顔をつぶす気か』と恫喝する電話がかかってきた人もいます。最近は景気がよくなったためにパート・アルバイト応募者も減ってきて、ますます現場は苦しくなっています」（同ユニオン）。同ユニオンはTDR全体の労働環境の改善も要望している。「多くの準社員（アルバイト）も条件は悪い。その契約書には労働日、労働時間が明記されておらず、労働日の2週間前にシフトが通知されるフリーシフトになっています。これはオリエンタルランドにとって都合のいい契約で、客の混雑具合や人件費予算を勘案して、人員を手配・配置できるのです。当然ながら、これでは働く側にとってはたまりません。オリエンタルランドはコストカット重視で、ここ数年はエンターテイメント関係を中心に製作費が大きく削られている。オリエンタルランドの財務諸表を見ても唯一大きく削減されているのは売上原価、なかでも「エンターテインメント・ショー製作費」である。同製作費が最も多かったのが2009年3月期で154億円であった。しかし最新の2014年3月期では55億円と、ほぼ3分の1にまで削減されている。ディズニー社に支払うロイヤリティーが221億円から271億円と2割増であるのと比べても、大幅に減っていることがわかる。こうしたコストカットが労働環境を悪化させ、ひいてはパフォーマンスに悪影響が出る。「パレードやパフォーマンスも、かつてと比べると配置される人数が激減しています。ディズニーファンからすれば明らかに魅力が落ちており、不満の声も出てきているほどです。オ

120

リエンタルランドにとっては、話題の新しい映像ショー（キャッスルプロジェクション）はパレードなどと比べて人件費を大幅に削減できることも魅力なのでしょう」（同ユニオン）[71]。

　ここから請負労働者の給与は「エンターテイメント・ショー制作費」から支払われると推測できる。オリエンタルランド正社員の給与・賞与は人件費から支払われる。他社においても、派遣など非正規従業員の給与が人件費からではなく「物品費」など別の費用から支払われるケースがあると言われている。これは派遣や請負労働者を物扱いしているのではない。人件費から支払うと人を雇っていると税務署などに気づかれてしまうから、別の費用から支払っているのである。

　なお、偽装請負について『短編　偽装請負とは何か』で説明する。

４．非正規従業員の労組「オリエンタルランド・ユニオン」結成

　2014年2月3日、新しい非正規従業員のための労働組合が結成された。組合名はオリエンタルランド・ユニオンである。同ユニオンは公式 Twitter を持っている（Twitter アカウント：@OlcUnion）。そのトップページには、「オリエンタルランド・ユニオンはオリエンタルランドで働く人ならば、雇用形態（パート、派遣、個人事業主など）関係なく、加入できる労働組合です。」とある。そのトップページに次の紹介文が添付されている。

□□□□□□□□□□□□□□□□□□□□□□□□□□□□□□□□□□□□□□

オリエンタルランド・ユニオン（原文のまま掲載）

　2016年4月21日アクセス

　http://park22.wakwak.com/~nanohana/orientalland/orientalland.html

　オリエンタルランド・ユニオンは、2014年2月3日、請負業者と雇用契約を結びOLC（オリエンタルランド）のショーに出演していたパフォーマー（出演者のこと）が雇止め＝解雇されたことを機に結成しました。

　OLC が「ショーのリニューアルオープン」を理由としパフォーマーを解雇したこ

---

[71] livedoor NEWS「ディズニーに再燃する過酷な労働（2014年6月22日）」2016年4月26日　アクセス　http://news.livedoor.com/article/detail/8964661/

とに対し、OLC における「偽装請負」の実態を告発し、OLC に直接雇用を求め団体交渉を求めました。しかし、OLC は、請負業者と請負契約を結んでいる「注文主」であって、ショーに出演していた組合員との間に雇用契約はなく、指揮命令関係もなく、就業時間や休憩時間の設定をはじめとする労務管理に関与していないので、『使用者』ではないという理由で、団体交渉を拒否したので、東京都労働員会に不当労働行為の申立をしました。

ユニオンは、"夢と魔法の国"で何が起きているかを知らしめ、問題解決へのご支援・ご協力を求め、2014 年 3 月 19 日から月（舞浜駅近くの交差点）・金（本社前）の朝、宣伝・要請行動に取り組みました。12 月 19 日〜25 日の間は、全国ユニオンや全日建連帯労働組合の支援を受けて、毎朝、宣伝カーを使っての宣伝活動に取り組みました。

2014 年 6 月 27 日の株主総会でも宣伝をし、「チラシをみた。早期の問題解決を」と株主二人が発言してくれました。市川・浦安地域の労働組合 OB や市民活動に関わっている方々の毎週月曜日の宣伝活動への参加など、支援の輪は広がりました。雑誌やユーチューブなどでもたくさん取り上げていただきました。

多くの方々のご支援を受けて、パフォーマーの雇止め問題は、2015 年 8 月に解決しました。

現在、ユニオンには OLC と雇用契約を結び働くキャスト（パート・アルバイト）や出演者の方々も組合に加入し、労働条件の問題について改善・解決を図っています。
(1)毎月・毎日定まらない不安定な就業時間、(2)有給休暇（突発休）の取得、(3)6 時間以上働くときの休憩取得、などを交渉で改善しました。

また、キャストのパワハラによる解雇、25 年間働き続けた出演者の雇止めも交渉で改善・解決を図りました。

15 春闘では、OLC 初の非正規春闘に取り組みました。ゼロ回答でしたが、要求をつくる過程で組合員以外の方々からも意見を聞き、要求に反映できました。

オリエンタルランド・ユニオンのたたかいは、今も続いています。

OLC の経営状況は右肩上がりで純利益は 2011 年から急激に増加しています。2010 年の純利益は 229 億、利益率 6.4％、2015 年の純利益は 720 億、利益率は 15.5％です。しかし、その間、2 万人いる非正規雇用者の時給は 1 円も上がっていません。予算削減により、ショーやパレードの規模は小さくなり、アトラクションだけでな

く、トイレやレストランにも行列ができ、地べたに座り込んで食べるお客さん。夢の国とはかけ離れた状態になっています。

オリエンタルランド・ユニオンのモットーは、「キャストを使い捨てするな！ゲストの夢を守りたい！」です。

OLC で働くキャスト・出演者などの皆様！

誰からの相談も受けます！いつでも相談にのります！一緒に声をあげましょう！

□□□□□□□□□□□□□□□□□□□□□□□□□□□□□□□□□□□□□□

　上記をまとめると次のようになる。2014 年にショーの出演者達が雇止めされたことをきっかけに同ユニオンは結成された。出演者に偽装請負の疑いがあった。偽装請負は違法労働である。偽装請負について『短編　偽装請負とは何か』で説明する。同ユニオンはオリエンタルランドに団体交渉を申し込んだが、使用者ではないという理由で拒否された。そこで東京都労働員会に不当労働行為の申立をした。同ユニオンは 2015 年春闘でオリエンタルランド初の非正規春闘を行ったが、ゼロ回答であった。ゼロ回答とは、給与アップゼロという意味である。

　オリエンタルランドのおとなしく従順な御用組合は「オフス：OFS：Oriental Land Friendship Society：オリエンタルランド・フレンドシップ・ソサイエティ」という。この御用組合がオリエンタルランドの正社員対象の労働組合である。この名前を付けるということは、オリエンタルランドと労働組合はお友達という意味なのだろう。

　2016 年のオリエンタルランドの有価証券報告書の「(3)労働組合の状況」によると、「当社の労働組合は OFS（登記上の名称は「オリエンタルランド・フレンドシップ・ソサエティ」）と称し、平成 28 年 3 月 31 日現在の組合員数は 2,607 人で、UA ゼンセン同盟に加盟しております。なお、連結子会社（一部連結子会社を除く）につきましては現在労働組合は組成されておりません。労使関係は円満に推移しており、特記すべき事項はありません。」と書いてある[72]。正社員対象の労働組合 OFS とは円満のようである。

---

[72] 株式会社オリエンタルランド有価証券報告書第 56 期（平成 27 年 4 月 1 日から平成 28 年 3 月 31 日）2017 年 4 月アクセス
http://www.olc.co.jp/ja/ir/library/securities/main/00/teaserItems1/0/linkList/02/link/y2016-04.pdf

５．出演者の直接雇用で出演者数減少

　請負労働者であった出演者達が直接雇用された。具体的には、オリエンタルランドは出演者を人材子会社の社員とした。その子会社を吸収合併したので人件費が増加したようである。そのタイミングでパレードでの出演者数が減少した。桜美林大学ビジネスマネジメント学群の山口有次ゼミナールの学生の卒論によると、周年イベント時のキャラクター数とダンサー数を比較したところ、2003 年の 20 周年イベントではキャラクター50 人、ダンサー120 人だったのに対して、2013 年の 30 周年イベントではキャラクター55 人、ダンサー72 人と 0.6 倍に減っていた。キャラクター数は若干増えているが、ダンサーは減っている（週刊ダイヤモンド, 2014, 39 頁）。直接雇用で人件費が上がったため、出演者数が減らされたと推測できる。

　キャラクターとはミッキーマウス等のぬいぐるみの中に入っている人で、ダンサーとは人間の姿のまま踊る人である。オリエンタルランドのショー開発部オーディション係でキャラクターとダンサーを募集している。2016 年 4 月 21 日、同年 5 月 15 日締め切りで、ジャズ・バレエ（男女共通）、ヒップホップ・ジャズ他（男性のみ）を募集していた。1 次審査はダンス審査、2 次審査はダンス審査・体力測定、3 次審査は面接である。オーディションには東京会場と大阪会場がある[73]。2017 年 4 月 23 日、ジャズ・バレエダンサー（男女共通）数十名、ヒップホップ・ジャズ他ダンサー男性若干名、パペティア男性若干名、キャラクター男女共通数十名を募集していた[74]。

　推測であるが、カラフルな LED の電極をたくさん着けて、パレードを大きく膨らませているのではないか。LED 価格はだいぶ低下したこと、人間と違って正規雇用や社会保険を必要としないこと、今後の需要が読めないのに終身雇用が必要ないこと、など複数の理由が考えられる。

　さらに悪いことに、2014 年 5 月から夜のショーとしてシンデレラ城に映し出すプロジェクションマッピング「ワンス・アポン・ア・タイム」が導入された。プロジェクションマッピングとは映像と音声を見せるショーである。その制作費は約 20 億円である。この制作費は出演者の正規雇用何人分であろうか。オリエンタルランドの弱

---

[73] 2016 年度東京ディズニーリゾートエンターテイナーオーディション開催 2016 年 4 月 21 日アクセス　http://entertainer.olc.co.jp/
[74] 2017 年度東京ディズニーリゾートエンターテイナーオーディション開催 2017 年 4 月 23 日アクセス　http://entertainer.olc.co.jp/

みは、追加投資額が莫大で売上や利益を吹き飛ばすことにある。そのため売上高のわりに人件費が潤沢でないようである。

６．発見事項と考察

ここまで考察してきて次の点を発見した。

第１に、出演者を直接雇用にした頃、パレード等のダンサー数が減らされたようである。直接雇用によって一人当たりの人件費が上がったため、各パレードの出演者数を減らしたのではないか。原資（給与の総額）は同じである。今後労働問題に関心ある非正規労働者が増えて、労働組合を結成して団体交渉を申し込む、労基署に通報するなど、以前なら無かった非正規労働者の先鋭化が進むだろう。すると一部の幸運な人だけが直接雇用され、大多数の人は間接雇用のまま、しかも人数を減らしての運営になるだろう。今後この傾向がより強くなるのではないか。華やかな LED 電極を増やし、人によるパレードでなくプロジェクションマッピングなど映像のショーにするなど別の手段を考えるようになるだろう。強いジレンマである。

第２に、テーマパーク事業は巨額の追加投資を常時必要とする過酷な事業である。利益が出たら人件費に使うのでは無く、追加投資に使う傾向にある。他の製造業と同様である。テーマパーク産業は観光産業やサービス産業に属するが、装置産業でもある。発電所や NTT のような通信業と同様である。テーマパークの乗り物は工場のライン（ベルトコンベア）と同じで、毎日一日中稼働している。同じスピードで安定している必要があり、メンテナンスコストが必要である。売上の多くをメンテナンスや追加投資に回す必要がある。

第３に、オリエンタルランドは一般的な大企業と同じで、正社員になるのは激戦である。しかしパート・アルバイトとしては雇用されやすい。それで正社員化を期待する、正社員を目指してよく働くというメカニズムが生じているだろう。これはオリエンタルランドもウォルト・ディズニーも期待していなかったであろうが、アルバイトの正社員登用というシステムがバブル崩壊後の日本のサービス産業に自然発生的にできあがっていた。正社員になれるのではないかと淡い期待を持ち、非正規雇用なのに熱心に働く。これは非正規従業員の多い企業ならばどこでも働くメカニズムである。

第４に、オリエンタルランドの二つの労働組合を比較すると表１のようになる。オリエンタルランドの正社員対象の労組 OFS はとなしく従順な御用組合のようであ

る。役員は押しつけられた人や出世したい人がなるという日本企業の労組の特徴そのままと推測できる。同社の有価証券報告書には特記事項無しとあるので、団体交渉などはほとんど行われていないと推測できる。一方のオリエンタルランド・ユニオンは非正規労働者が自発的に結成した労組で、闘争する労組である。オリエンタルランドのような日本企業は闘う労組に慣れていないだろう。

表1：二労働組合の比較

組合名	特徴	性質	団体交渉	組合員	役員
OFS	正社員対象	おとなしく従順な御用組合	情報無し。おそらく無い。	オリエンタルランド正社員	おそらく押しつけられた人、出世したい人
オリエンタルランド・ユニオン	非正規労働者が結成	非正規労働者の待遇改善を主張	申し込むも拒否された。＊1	TDRで何らかの形で働く非正規労働者	自発的に結成、初期メンバー、活発に活動

＊1　後にオリエンタルランドは同ユニオンの団体交渉を受けるようになった（第7・8章参照）。

7．まとめ

　本章では、オリエンタルランドの非正規雇用問題を考察した。公開されているデータから分かるのはここまでであった。第7章、第8章で同ユニオンにインタビュー調査に行った結果をまとめる。

＜参考文献＞
- 『週刊東洋経済』2007年1月号、54-57頁
- 『週刊ダイヤモンド』2014年8月9・16日合併号、39頁

短編　偽装請負とは何か

　偽装請負とは違法労働である。労働者にとって不利、使用者にとって安く労働力を得ることができる。偽装請負は労働者派遣法で守られる派遣労働よりも不利である。

　厚生労働省東京労働局[75]によると、偽装請負とは書類上、形式的には請負（委託）契約なのに、実態は労働者派遣なので違法である。請負とは「労働の結果としての仕事の完成を目的とするもの」（民法）である。派遣と請負の違いは、発注者と受託者の労働者との間に指揮命令関係が生じないことである。労働者にとっては、使用者からではなく発注者から直接業務の指示や命令をされる場合、偽装請負の可能性が高い。偽装請負は労働者派遣法等に定められた派遣元（受託者）・派遣先（発注者）の様々な責任が曖昧になり、労働者の雇用や安全衛生面など基本的な労働条件が十分に確保されないケースが多い。

　偽装請負の代表的なパターンは、①代表型、②形式だけ責任者型、③使用者不明型、④一人請負型である。

①代表型：請負と言いながら、発注者が業務の細かい指示を労働者に出したり、出退勤・勤務時間の管理を行ったりする。偽装請負に多い。

②形式だけ責任者型：現場には形式的に責任者を置くが、その責任者は発注者の指示を個々の労働者に伝えるだけなので、発注者が指示をしているのと同じ実態である。単純な業務に多い。

③使用者不明型：業者Aが業者Bに仕事を発注し、Bは別の業者Cに請けた仕事をそのまま出す。Cに雇用されている労働者がAの現場に行って、AやBの指示によって仕事をする。誰に雇われているのかよく分からないというパターンである。

④一人請負型：実態として、業者Aから業者Bで働くように労働者を斡旋するが、Bはその労働者と労働契約は結ばず、個人事業主として請負契約を結び業務の指示、命令をして働かせるパターンである。

---

[75] 厚生労働省　東京労働局「あなたの使用者は誰ですか？偽装請負ってナニ？」2016年8月26日アクセス
http://tokyoroudoukyoku.jsite.mhlw.go.jp/hourei_seido_tetsuzuki/roudousha_haken/001.html

第7章　オリエンタルランド・ユニオンの功績
−東京ディズニーリゾートの非正規雇用問題改善中−

＊本章は旬報社『労働法律旬報』No.1879+80, 1 月合併号 90-98 頁に掲載された。

1．はじめに

　東京ディズニーリゾート（TDR）は「夢と魔法の王国」と形容されるメルヘンの世界である。それを根底から支えるのがキャストと呼ばれるパート・アルバイトである。楽しそうな笑顔でよく働くキャストは、アメリカのディズニー社のトップマネジメントが素晴らしい、アメリカでも見習いたいと言うほどである。2010 年に『9 割がバイトでも最高のスタッフに育つディズニーの教え方』（福島文二郎著）がヒットした。その時点では従業員の 9 割がアルバイトであることが好意的にとられていた。2011 年 3 月の東日本大震災で TDR が被災し、キャストが素晴らしい働きを見せたと大々的に報道された。暗い震災のニュースの中で一際輝く出来事であった。

　しかしながら、TDR で働く労働者のうち 9 割を占める非正規労働者は深刻な労働問題に陥っている。キャストだけではなく、ミッキーマウス等の出演者も非正規労働者である。TDR の非正規雇用問題は従業員満足低下をもたらし、それが顧客満足低下を招くだろう。

　本章では、オリエンタルランド・ユニオンの非正規労働問題改善に関する功績を考察する。同ユニオンは TDR の非正規労働者たちが結成した公式労働組合である。同ユニオンの支部長と書記長、同ユニオンが所属するなのはなユニオンの委員長へのインタビュー調査から、どのような経緯で同ユニオンが結成され、どのような非正規雇用問題があり、どのように改善されてきたのか考察する。

　研究方法はインタビュー調査である。3 名のインタビュイーに自由に話して頂く非構造的インタビューを行った。本章では最初に同ユニオンの功績を述べ、その後詳細を述べる。

2．オリエンタルランド・ユニオンの功績

　同ユニオンが団体交渉した結果、表 1 のように改善された。まだまだ改善途中であるが、同ユニオンの功績である。

表1：オリエンタルランド・ユニオンの功績

①客数減になりそうな時、そのまま働くか早退するか選択制

②有給休暇取得方法の変更

③長時間勤務時の休憩確保

④昇給

⑤解雇（雇止め）撤回

⑥最低勤務時間の確保

① 雨が降るなど客数減が予想されると、出勤後に「もう帰っていいよ」と強制的に帰らされて収入減となり不安定であった。帰るか、帰らずにそのまま働くか選択制に変えることに成功した。

② 有給休暇取得の申請は前月10日（部署によって3週間前、2ヶ月前など違っていた）までとなっていたため突発休（熱が出た、予定ができたなど）は取りにくかったが、申請を前日までにすれば必ず取得できる、当日勤務1時間前までの申請でも認めないわけではないとさせた。

③ 6時間勤務後に残業を指示された場合、休憩なしで勤務が継続された。休憩をとってから残業するという者は、残業しなくてよいと言われていた。労働基準法34条（6時間を超える場合には45分以上の休憩を途中で与えなければならない）違反にあたるということで、休憩取得後に残業とした。

④ 時給1,000円スタートで、能力給で最高1,020円までしか昇給しなかったが、2015年と2016年の春闘にて時給アップを求め、2016年10月より"普通に働けば半年で10円、がんばって働けば20円"昇給を勝ち取った。

⑤ 複数名が解雇（雇止め）撤回された。具体的な人数は非公表である。

⑥ 最低勤務時間を確保させた。閑散期は1ヶ月の労働時間が70時間だったりした。時給1,000円なので月給7万円にしかならなく、保険料や税金を控除すると生活できないので、通常期114時間、閑散期90～100時間の勤務時間を保証させた。繁忙期という概念はなく、通常期と閑散期の二期である。同ユニオンはどの月も最低120時間以上保証するよう要求しているがオリエンタルランドが受け入れない。しかし2016年10月現在は人手不足で114時間以上の勤務時間になっている。ただし114時間勤務でも月給11万4,000円である。生活費を親や配偶者に頼れる人ならば生活可能な月給であるが、生計維持者には厳しい。

3．インタビュー調査
上部団体、なのはなユニオンの概要

　同ユニオンはなのはなユニオンに属している。なのはなユニオンは1988年3月に結成した労働組合で、千葉県下で働く人、住む人が雇用形態、年齢、国籍、性別などに関係なく入ることができる。職場で一人であっても、なのはなユニオンの組合員になることによって、労働組合法で守られている団結権・団体行動権・団体交渉権を発揮することができ、職場で起きている問題の改善・解決を図ることができる。なのはなユニオンは結成当初より正社員、パート、派遣、契約社員などの個別相談をうけて、問題解決にむけ一緒に取り組んできた。複数の仲間が職場に組合を作りたいと、一緒に加入して「支部」を結成しているところもある。現在、三共製氷冷蔵支部、オリエンタルランド・ユニオン、千葉内陸バス支部、小池支部、成田エアカーゴ支部などが活動している。なのはなユニオンの上部団体は2002年11月に結成した全国コミュニティユニオン連合会（略称「全国ユニオン」）で、全国ユニオンはナショナルセンター連合に加入している。なのはなユニオンは、全国ユニオンが取り組んでいる(1)ディセントワーク（人として尊厳ある労働）の実現を求めて、均等待遇の実現、理由のない有期雇用の禁止、(2)これ以上雇用破壊させないために、安倍政権がすすめる労働法制改悪（派遣法改悪、労働基準法改悪による長時間労働の規制緩和「過労死促進・残業代ゼロ」、解雇の金銭解決ルールなど）の反対、(3)戦争法の発動をさせない、廃棄に向けた行動及び辺野古に基地を造らせないなど、一緒に全力で取り組んでいる。また、なのはなユニオンは全国ユニオン傘下の東京ユニオン、東京管理職ユニオン、派遣ユニオン、シニアユニオン、プレカリアートユニオン、ユニオンみえ、ユニオンなにわ、大館ユニオン、伊丹ワーカーズコープ、武庫川ユニオンなどとともに活動している[76]。

インタビュー概要

日時：2016年10月21日 16:30～19:15
会場：なのはなユニオン事務所（千葉県船橋市）
インタビュワー：中島　恵（筆者）

---

[76] なのはなユニオン「なのはなユニオンについて」2016年10月28日アクセス
http://park22.wakwak.com/~nanohana/info/info.html

インタビュイー：①鴨桃代氏、②中園丈晴氏、③浜元盛博氏。

インタビュイー三氏の概要

①なのはなユニオン委員長の鴨桃代氏（以降、**委員長**）

上部団体、なのはなユニオンの委員長でオリエンタルランド・ユニオンに種々のアドバイスをし、一緒に団交等に参加してオリエンタルランドと交渉する。ユニオン活動歴約 30 年。労働関連の法制度に詳しい。

②オリエンタルランド・ユニオン支部長の中園丈晴氏（以降、**支部長**）

現キャスト。東京ディズニーランド（TDL）内のある飲食店に勤務。

③オリエンタルランド・ユニオン書記長の浜元盛博氏（以降、**書記長**）

元出演者。東京ディズニーシー（TDS）のマーメイドラグーン・シアターのパペッター（パペットを操作する人）。ショーのリニューアルを理由に解雇された。現在は TDR 以外のところでパフォーマーとして活動。

インタビュー内容

　先に用語解説である。キャストは本来は社長を含む従業員全員であるが、実際はパート・アルバイトをさす。出演者とはショーやパレードに出演する人である。出演者の中でミッキーマウス等を演じている人をキャラクターと呼ぶ。その他、ダンサーやミュージシャンなどがいる。出演者をパフォーマーとも言う。本書では厳密に区別を付けていない。

● **オリエンタルランド・ユニオンの概要**

筆者「オリエンタルランド・ユニオンの概要を教えて下さい。組合員は何人で、月組合費はおいくらでしょうか。」

書記長「現在の会員数と歴代の会員総数は公表していません。」

委員長「オリエンタルランドにも会員数を聞かれますが、公表していません。月組合費は 1,200 円でしたが、今年の大会で 2,000 円に上げました。それ以外のユニオンの収入源は争議で解決したときのカンパです。組合費とカンパを合わせた収入で組合活動と事務所を維持するための家賃や光熱費、事務用品費などを賄っています。」

筆者「どのような相談が寄せられますか。」

支部長「一番多いのは雇止めにあった人からの相談です。ちょっとした事の相談は来ません。私がユニオンをやっていることは職場で知られているので、私に個人的に『こういう時はどうなの？』という相談が来ます。これはブラックバイトなのか、労基法違反か、セーフか判断できないようなことの相談が来ます。メールや電話での相談はありますが、切羽詰まった雇止めやパワハラなどでないと、なかなか事務所までは来ません。」

委員長「オリエンタルランドはグレーゾーンが多いですが、露骨な法律違反は少ないです。だから団体交渉で話し合えば改善・解決が図られるケースが多いので、交渉しようと勧めるのですが、会社ともめたくないという人が多く、不平不満はあるのですが、ユニオンに加入し、交渉してまでとはなかなかなりません。」

● **同ユニオン結成の動機**

筆者「どのようなお考えでユニオンを結成しましたか。」

支部長「バイトと出演者の労働環境を良くするためです。私の場合、2011年の震災でキャストがよい働きをしたのをニュースで見て感動して働きたいと思って、福岡から引っ越してきました。浦安市内での家賃が 8 万円です。でも実際に働き始めたら契約時に約束した早朝勤務をほとんど入れてもらえず、合計の勤務時間も事前に言われたのより短く、手取り 11 万くらいで、生活できないレベルでした。福岡時代の貯金を切り崩しています。それで勤務時間を増やすとか、労働環境を良くするためにユニオンを作りました。」

書記長「私の場合、解雇されたのをきっかけにユニオンを結成しました。私以外でも出演者は脚や首が動かなくなって辞めた人がいます。」

筆者「何が原因で脚や首を痛めたのですか。」

書記長「普通の舞台俳優やダンサーは板のステージで踊りますが、ディズニーではアスファルトやコンクリートの上で踊ります。体に着けている衣装や飾りなども重いです。キャラクターの中はすごく暑いです。ディズニーを辞めた後パフォーマーとして働けなくなる人がいっぱいいます。」

支部長「ディズニーから解雇や雇止めを通告された人がユニオンに入ってきます。オリエンタルランド内に相談する部署がありますが、相談しても何も解決されません。」

● 解雇の不当性を争い復職に成功

筆者「ユニオンでは具体的にどのような活動をされていますか。」

委員長「主に個別案件の解雇、パワハラなどを扱っています。解雇には客観的・合理的な理由が必要なのに、理由なき解雇が多いので、解雇を撤回させ職場復帰させる取り組みをしています。現在までに 4 名を復職させました。また賃金や労働条件の改善に取り組んでいます。2015 春闘でオリエンタルランド初の非正規春闘に取り組み、時給アップを要求しました。ゼロ回答でしたが、続く 2016 春闘の取り組みで、昇給"普通に働けば 10 円、がんばれば 20 円"を勝ち取りました。労働条件では「月最低労働時間 120 時間保障」を言い続けています。『夢と魔法の王国』は働く人にとっても夢ある場として、生活できる賃金、働き続けられる労働条件を勝ち取ることが急務だと思います。」

● ユニオンへの抵抗感

筆者「それはすごいですね。ユニオンの会員数は増えていますか。」

書記長「はい、じわじわと広がってきています。」

筆者「会員数は多くないのですか。」

書記長「みんなユニオンに入ってオリエンタルランドに睨まれることを恐れています。私がユニオンを結成したときも、そんなことして大丈夫かとよく聞かれました。本当にユニオンの活動を始めると、ディズニー内の友達がさーっと減っていきました。」

支部長「私もです。ディズニー内の友達が怖がって逃げていきました。」

筆者「そうですか。それは辛いですね。ディズニー外の友達は減りませんか。」

書記長・支部長「はい、ディズニー外の友達は増えました。」

支部長「もう一つ怖いことがあります。ディズニーのファンから睨まれないか、夢を壊すと受け止められて恨まれないかです。私たちは夢の場を維持・発展することと、その場で働く人の賃金・労働条件の改善は一体のことと思いますが、夢の場に組合は似合わない、この場ではリアルな現実は見たくない、ここではやらないで、とか言われます。」

● 出演者の偽装請負問題

筆者「出演者の労働問題が報道されていますね。どのような問題がありますか。」

書記長「私も出演者でした。出演者はオリエンタルランド直接雇用の人と間接雇用の人がいます。間接雇用は請負でした。でも請負も直接雇用と一緒に働いていました。誰がどういう契約なのか聞かなければ分からないです。解雇通告を受けて、偽装請負ではないかとオリエンタルランドに直接雇用を求めて団交を申し入れました。」

筆者「交渉申し入れはオリエンタルランドの人事部に対してですか。」

委員長「申し入れは社長に対してです。団交で実際に対応するのは人事の担当部門の方です。」

書記長「2007 年頃までは出演者は全員間接雇用で請負でした。2007 年頃にダンサーが怪我をして労災に当たるのではと調査したら、調査結果が出る前にオリエンタルランドが直接雇用に切り替えました。」

筆者「出演者は具体的にどのような人が何人くらいいますか。」

書記長「正確な数字は把握していませんが、私の知る限り、出演者にはキャラクターが約 500 名、ダンサーが約 200 名、スタントマン約 100 名、人数は分かりませんが、ミュージシャン、司会者、MC、大道芸人、パペットを操るパペッターが 50 名くらいいました。みんな請負でしたが、直接雇用された人とされずに請負のままの人がいます。請負のまま残ったのがスタントマン 90 名くらい、ミュージシャン多数、司会者、パペッターです。詳しい人数は分かりません。オリエンタルランド 100％子会社の E プロダクションという会社があって、そこでキャラクターとダンサーを直接雇用しました。そこ以外の出演者はほとんど請負のまま残りました。」

● **外国人出演者の雇用条件**

筆者「シンデレラや白雪姫など外国人出演者はどのような雇用条件でしょうか。彼らは、親や配偶者との生活が可能な日本人出演者と違うと思います。浦安周辺で生活できるのでしょうか。」

書記長「はい、できますよ。外国人のキャラクターは日本人とは全然違う雇用です。アメリカのディズニーから派遣されてきています。新浦安にある E ビレッジというマンションに住んでいます。一人一部屋で、家賃は知らないです。ちゃんとしたマンションで、管理人さんがいて、下にレッスン出来る広場があります。給料と別に食費が出ます。」

筆者「そうですか。外国人出演者は日本人に比べて好待遇ですね。日本人出演者にまかないは出ますか。」

書記長「いいえ、出ないです。まかないはありませんが、正社員と同じ社食で 300-400 円くらいで食べられます。」

● **キャストの高齢化**

支部長「今、ディズニーではキャストの高齢化が進んでいます。休日は若いバイトが多いですが、平日は学生のバイトが少ないので高齢化しています。その理由は若いキャストほど先に辞めるからです。今は 60 代のキャストも多く雇われています。65 歳定年で、65 歳前に肩たたきされる人も多いです。見ていて危なっかしいなどの理由です。体力勝負の仕事ですし。」

筆者「若いキャストが先に辞める理由は何でしょうか。」

支部長「他のバイトの方が時給が高くて稼げるからです。特に生活がかかっている人は東京の繁華街、新宿や有楽町の深夜の居酒屋や 24 時間営業の店の方が稼げます。今ディズニーのバイトの時給は 1,000 円ですが、バイトの時給高騰で東京のバイトで時給 1,000 円は最安値です。時給 1,200 円のバイトがたくさんあります。本当に生活がかかっている人はディズニーでは働けないです。」

● **非正規従業員の人件費減少**

支部長「2008 年、2009 年あたりをピークに人件費の総額が減らされています。1990 年代はキャストの時給 1,000 円で、そこから昇給して時給 1,300 円、1400 円の人もいたそうです。STEP 制度がなくなり、MAGIC 制度（第 8 章参照）に変えたときから低賃金化していきました。MAGIC 制度は時給が上がらない制度です。」

書記長「1990 年代に出演者は最高で月の手取り 100 万円超えの人がけっこういたそうです。手取り 50〜60 万円の人がざらにいたらしいです。今の出演者は手取り 19〜20 万円台前半の人が多いです。」

支部長「今の体制に変わる前は時給も千葉県の最低賃金より数 100 円高く、従業員の扱いも良かったらしいです。警備や駐車場は時給 1,400 円くらいだったそうです。」

書記長「2010 年くらいまでは、請負の出演者は日給 9,000 円くらいで、月 22 日くらいなので月の手取りは 19〜20 万くらいでした。手取りと言っても、請負だとそこからマージンを引かれ、保険も自分で払います。会社によってマージン料が違い、他の人と詳しく話さない限り他の人の給料がいくらなのか分かりません。僕が解雇される前の請負出演者は日給で 1,000 円程低くなりました。間接雇用の出演者が低賃

金なのはオリエンタルランドだけのせいではなく、中間会社のせいかも知れません。直接雇用の出演者は色々引かれて手取りが 19〜20 万くらいでしたが、最近は時給1,100 円で 1 日 3〜7.5 時間、週 3〜5 日と労働時間も労働日も幅が広く、酷い月は 9万円しか稼げないと聞いています。」

支部長「私の場合、1 日 7 時間 30 分（6:30〜14:00）×週 5 日で雇用契約を交わしました。ところが、その労働時間が守られませんでした。私は 6:30〜8:00 までは時給が高い（6 時〜7 時は 1.25 倍、200 円増し、7 時〜8 時は 200 円増し）のでこの早朝時間帯に働きたかったのですが、ほとんどのシフトが 8 時からで、早朝シフトに入れてもらえませんでした。それで約束が違うと交渉し、改善を求めました。今は人手不足なので、早朝シフトに入れてもらえます。」

- **キャストの勤務中の死亡事故**

筆者「TDS のヴェネツィアン・ゴンドラの清掃員の男性がお亡くなりになったと報道されました（後述）。あれは労災ですよね。どうでしたか。」

− 勤務中のキャストが水死する事故 −

　2015 年 10 月 27 日午前 5 時 15 分頃、TDS のアトラクション「ヴェネツィアン・ゴンドラ」の人工河川に男性がうつぶせの状態で沈んでいるのを男性従業員が発見した。沈んでいたのは清掃アルバイトの宮沢司さん（46 歳、千葉県習志野市袖ケ浦在住）で、搬送先の病院で死亡が確認された。千葉県警浦安署は作業中に転落し、水死したとみて捜査している。同署によると、宮沢さんは同日午前 0 時頃から、他の従業員ら数人とゴンドラ乗り場の桟橋で水をまくなどして清掃しており、午前 4 時の休憩明けまでは姿が確認されていた。宮沢さんに目立った外傷はないという[77]。

支部長「お亡くなりになった男性はナイト・カストーディアルと言って、夜のカストーディアル（清掃員）です。彼は 100% 子会社所属でした。それだとオリエンタルランド直接雇用より時給が約 100 円安いです。あの男性は水死されましたが、彼の担

---

[77] 産経ニュース「ディズニーシーの人工河川にアルバイト男性の遺体「ヴェネツィアン・ゴンドラ」清掃中に事故死か（2015 年 10 月 27 日）」2016 年 10 月 28 日アクセス
http://www.sankei.com/affairs/news/151027/afr1510270019-n1.html

当エリアは水辺ではなかったと聞きました。警察が捜査しましたが、警察も分からないそうです。それ以上オリエンタルランドも知らない、分からないと言っていました。」

委員長「ユニオンはオリエンタルランドに交渉を申し入れ説明を求めましたが、分からないと言われました。当事者の遺族からユニオンには何もなかったので、労災としてオリエンタルランドに責任を求める動きはできませんでしたが、オリエンタルランドには安全配慮義務があると交渉しました。その結果、改善策として二人一組にするとの回答をもらいました。」

● **プロジェクションマッピングと出演者数減少**

筆者「アナと雪の女王のプロジェクションマッピングが人気です。プロジェクションマッピングは出演者を減らすためと言われていますが本当ですか。」

書記長「はい、そう思います。映像なので、怪我しないし、人件費かからないし、雨が降っても上映できます。」

支部長「パレードは雨で中止されたら待機時間までは時給が発生します。キャストは雨天で帰されると残り時間の時給 50%をもらえます。前日や当日の朝に来なくていいと言われると時給の 6 割が保証されます。ブラックバイトよりましと思うかも知れませんが、これは労働基準法の規定です。」

書記長「出演者が帰される場合も同じです。」

支部長「この点に関しては他のブラックバイトよりマシですが、勤務時間が長くてもいいから時給 100%稼ぎたいです。そこを団体交渉で選択制にしてもらうことに成功しました。残りの時間の時給 50%をもらって帰るか、予定通り働いて時給の 100%をもらうかを選択できるようになりました。それまではお願いという形でした。」

● **出演者は芸能人か労働者か**

筆者「出演者は舞台俳優やダンサーなど芸能人と同じなので不安定雇用なのは仕方ないと言われますが、春闘では出演者の『労働者性』を問題にしたと報道されています。詳しく教えて頂けませんでしょうか。」

書記長「はい、出演者は労働者性が高いです。世間の人は芸能人と同じだと思っているようですが、全然違います。普通の役者さん達も、エキストラなどはアドリブ禁止です。監督や演出家に色々言える人だけが大物で有名な役者さんです。世間の人は芸

能人と言われるとこういう人をイメージします。でもディズニーの出演者は裁量権が無く、働いた時間によって給料が発生し、会社都合で勤務時間も変わり、細かい業務指示をオリエンタルランドから受け、業務に必要なものはオリエンタルランドから借ります。以上の点で『労働者』と言えます。」

筆者「私が 2004 年にオリエンタルランドの正社員（第 2 章に A 氏として記載）に取材したところ、劇団四季などに今度こう言う出演者を募集するのでオーディションを受けて下さいとお願いに行くと言っていました。」

支部長「えー、四季。なんの話ですか。」

書記長「四季の人はディズニーの出演者にならないですよ。」

筆者「えー、そうなんですか。でも 2004 年にオリエンタルランドの正社員のある人（A 氏）が劇団四季などに『今度こういう役を募集しますので是非オーディションを受けて下さい』と募集に行ったと確かに言いましたよ。」

書記長「劇団四季の人は年収 500 万くらいで、トップの人は 1,000 万超えですよ。年収が全然違います。でも四季の研究生なら考えられます。それか、四季でやっていた人の中でディズニー好きの人が辞めた後にディズニーのオーディションを受けたのかも知れません。」

支部長「今オリエンタルランドは出演者を集めきれなくて、芸能事務所に頼んで出演者を集めてもらっている状態です。イベント時に以前辞めた人を呼び戻しています。」

筆者「ディズニーの出演者だったというキャリアを持って同業の次の就職活動で有利になるとお聞きしました。」

書記長「それは昔の話です。」

筆者「パパイヤ鈴木などがそうです。」

書記長「そうですよね。それは 1990 年代の話です。今はディズニーの出演者だったことを理由に次の就職につながらないです。今は守秘義務のサインをさせられます。ディズニーの出演者だったと言えません。その間のキャリアが空白になります。」

● **キャストはディズニーが好きだから働いているのか**

筆者「2004 年に TDR でのアルバイト歴が長い人（第 2 章の B 氏）に取材したら、『キャストはみんなディズニーが好きだからバイトしてる』と言いました。今でもディズニーが好きだからキャストをしている人が多いのでしょうか。」

支部長「はい、そうです。それは間違いないですが、どんどん減っていると感じます。2004年にそう聞けば、『みんなディズニーが好きだから働いている』というのは本当でしょうね。2010年代に入るとそうでもない人が増えてきています。離職率も上がってきています。」

筆者「2000年代まではとても人気のバイトで全然採用されないと言われていました。」

支部長「はい、そうでしたが、今は採用されやすいです。」

4. まとめ

本章では、同ユニオンの非正規労働問題改善に関する功績を考察した。研究方法は非構造的インタビューで、インタビュイーは同ユニオンの書記長と支部長、その上部団体なのはなユニオンの委員長である。本章では次の点を発見した。

第1に、2000年代半ばまではキャスト歴の長いB氏の言うように、ほとんどのキャストはディズニーが好きだから働いていたが、2010年代に入るとそのような人の比率が下がってきていることが明らかになった。首都圏のサービス業と同様に人手不足で採用されやすいアルバイトになっているようである。

第2に、同ユニオンは非正規従業員のために団体交渉を継続し、非正規雇用問題を改善してきたことが明らかになった。特に際立った功績は解雇を撤回し復職させたことなどである。

第3に、他社と同じであるが、会社に睨まれたら次の契約更新に差し支える有期雇用契約ゆえの恐怖心がパート・アルバイトには強く、同ユニオンへの加入は一気に進まないことが明らかになった。またキャストやディズニーファンに「夢の国」という魔法がかかり、賃金・労働条件というリアルな現実は見たくない、考えたくないという場になっているので、ユニオン活動がなじまない場であることもわかった。それでも「夢の国」を維持、拡大するために同ユニオンの活動が今後も必要である。

第4に、芸能人に見える出演者であるが労働者性が高いことが明らかになった。芸能事務所に所属しているから芸能人と感じられるのだろう。

第5に、オリエンタルランドはキャストに愛される企業に成長したことに胡座をかいているのではないか。2000年代まではディズニーが好きだから働いているキャストが大半だったが、2010年代に入るとその比率が低下しているようである。業員満足向上策をあまり重視していないのではないか。

第 6 に、中間業者が中間搾取するため、オリエンタルランドが支払った金額よりも低賃金になっているようである。オリエンタルランドは使っている派遣会社の質を調査しているのか。クリーンな中間業者のみにしてほしいものである。オリエンタルランドの企業イメージが低下する。無名の中間業者よりもオリエンタルランドが目立つから叩かれやすい。

ここで次の仮説が成り立つ。キャストの質が高く、愛社精神に溢れていた時代はフリーター最盛期と高額時給が重なっていた。1990 年代から 2000 年代半ばにかけて TDR のキャストが優秀で勤勉で愛社精神に満ちあふれていた理由は、次の良い要素が重なったからである。①就職氷河期でフリーターとして働く人が多かった。アルバイトすら採用されにくい時代が長かった。その頃のアルバイトは今ほどブラック化していなかった。世間的にもフリーターは就職難の被害者なので、フリーターでも仕方ないと考える人が多く、フリーター批判が弱かった。②2000 年代半ばまでは、長く勤続すると時給 1,200〜1,400 円になるキャストもいた。当時は時給 750〜900 円が世間の平均的な時給であった。この高額時給期のキャストの給与システムは STEP 制度といった。その後は MAGIC 制度という給与システムに変わった。MAGIC 制度と違い、STEP 制度では時給が上がった。平成不況の中、アルバイトにしては高額の給料であった。それと愛社精神の強さが重なって、よく働くキャストができあがったのではないか。

2000 年代後半は、①リーマンショック前の就職好景気で若いフリーター減少、②時給低下でモティベーション低下、③愛社精神低下、④労働者の権利意識の芽生えの過渡期だったと推測できる。過渡期を経て、2010 年代に入ると、ブラックという概念が認識されるようになり、それまではアルバイトすら勤まらない根性の無さが問題視されたが、ブラックの被害者と考える人が急速に増加した。若年労働者の減少も同時に発生した。会社が権力を握ってアルバイトを支配し、低賃金重労働させることが難しくなってきたのである。

次章は解雇から復職に成功したパートのケースである。

＜参考文献＞
- 福島文二郎（2010）『9 割がバイトでも最高のスタッフに育つディズニーの教え方』KADOKAWA/中経出版

第8章　オリエンタルランド・ユニオンの功績 2
－解雇からの復職－

＊本章は旬報社『労働法律旬報』No.1889, 6 月上旬号 27-33 頁に掲載された。

１．はじめに
　「夢と魔法の王国」東京ディズニーリゾート（TDR）は従業員の約 9 割が非正規雇用である。彼らは低賃金、不安定雇用で正社員との格差が広がっている。

　前章に続き、オリエンタルランド・ユニオンの功績を考察する。同ユニオンの功績の一つは、解雇された非正規従業員を復職させたことである。

　本章では、より詳細に解雇から復職までの経緯、復職後の処遇などを考察する。研究方法はインタビュー調査である。インタビュイーは、①実際に解雇にあい、同ユニオンの交渉で復職に成功したキャスト（パート）の E 氏、②オリエンタルランドと交渉した同ユニオンの上部団体なのはなユニオン委員長の鴨桃代氏である。

２．インタビュー概要
　同ユニオンの上部団体はなのはなユニオンである。その委員長の鴨氏がオリエンタルランドとの交渉に当たった。委員長は豊富な労働組合活動経験があり、法制度に詳しい。

　上部団体、なのはなユニオンは 1988 年 3 月に結成した労働組合で、千葉県下で働く人、住む人が雇用形態、年齢、国籍、性別などに関係なく入ることができる。なのはなユニオンは結成当初より正社員、パート、派遣、契約社員などの個別相談をうけて、問題解決にむけ一緒に取り組んできた[78]。

インタビュー概要
日時：2017 年 3 月 7 日　13:00～15:45
会場：なのはなユニオン事務所（千葉県船橋市）
インタビュワー：中島　恵（筆者）

---

[78] なのはなユニオン「なのはなユニオンについて」2016 年 10 月 28 日アクセス
http://park22.wakwak.com/~nanohana/info/info.html

インタビュイー：①解雇されたが復職に成功したパートの**E氏**、②同ユニオンの上部団体なのはなユニオン委員長の鴨桃代氏（以降、**委員長**）

　TDRでは従業員をキャスト、顧客をゲストという。キャストの大多数はパート・アルバイトである。正社員登用制度はあるが、正社員になることはほとんどない。キャストの人事制度はMAGIC（マジック）と言い、入社からMキャスト、Aキャスト、Gキャスト、Iキャスト、Cキャストと昇格していく。Iキャストは新人の人材育成を担当する。Cキャストはリーダーである[79]。出演者とはショーやパレードのダンサー、司会者などである。

３．インタビュー内容

　ここでは2つの解雇事例、非正規従業員の上司スーパーバイザーの問題、出演者の労災問題、オリエンタルランドの正社員労組OFSという組織がユニオンショップ協定の対象を非正規従業員に拡大し、OFSへの加入促進の問題が明らかになった。

(1) 解雇事例1：復職できず（男性出演者のケース）

委員長「勤続25年で40歳代半ばの男性出演者が年数のわりにスキルが無いことを理由に解雇されました。交渉しましたが、会社は復職を認めませんでした。出演者はオリエンタルランドだから働きたいという人が大半です。だから雇用継続を希望してユニオンに駆け込んできます。会社は解雇理由に、視線がゲストに向かっていないとか手の振り方が気合い入っていない、スキルが無いなどと言ったので、299項目の質問書を出しました。勤続25年です。スキルが無ければ25年もやれません。この時期、この男性出演者の他にも雇止めにあった出演者が相談に来ました。」
筆者「出演者の方がキャストよりも雇止めにあいやすいのでしょうか。」
委員長「それはどちらとも言えません。ディズニーの出演者はほとんど身長で役が決まるそうです。会社はこの男性を復職させなかったのは、勤続25年なので職場で頼りにされていて、皆から復職を望まれていたからだと思います。この方の前に、ショーをリニューアルオープンするということで200人以上の出演者が雇止めにあい、

---

[79] オリエンタルランド「応募要項　グレードアップ制度」2017年4月12日アクセス
https://www.castingline.net/disney_recruit/magiccast.html

ユニオンに 7 名が駆け込んできました。請負だったので雇用責任はないとオリエン
タルランドは交渉を拒否したので、東京都労働委員会に不当労働行為の救済を申し
立て、街頭宣伝を 1 年間近くやり解決しました。たとえ労働法の知識があったとし
ても、1 人で会社と闘うのは無理です。」

(2) 解雇事例 2：復職に成功（E 氏のケース）

　E 氏は美容師資格と実務経験を持つ。TDR 内で 3〜12 歳女児対象にディズニー・
プリンセス（シンデレラ、白雪姫など）のドレス着用、ヘアメイク、ネイル、写真撮
影を行う人気店舗でヘアメイクを担当する。時給は基本給 1,020 円に資格手当 150
円がつく。E 氏は 2010 年 7 月入社、パート採用のキャストで勤続 5 年半の 2015 年
12 月 24 日、スーパーバイザー2 人と店長の 3 人に呼び出され、約 4 時間狭い小部
屋に缶詰にされ、2016 年 1 月末をもって契約終了という確認書にサインするよう迫
られた。理由は同年 12 月 3 日に業務指示を受けた際に横柄な態度をとり、業務指示
をしたキャストを無視したことと言われた。E 氏は思い当たることがないと拒否し
たが、「書いても書かなくても契約終了は決まっている」と言われ、署名させられた。
後で手帳を確認したら出勤していない日であった。E 氏は監禁されたと感じたが、こ
れがクリスマスイブだったため、ドッキリにひっかけられたとも感じた。解雇を実感
できなかったが、落ち込んだ。そのとき家族から聞いて知っていた同ユニオンを思い
出し、相談した。委員長に「それなら闘える」と言われ、自信がついた。翌日出勤し
たら、別のスーパーバイザーに雇用保険の解約について呼ばれた。それで解雇は本当
だと気づいた。同僚のキャストにこの出来事を話したら、『私なら辞めるな。会社が
決定したことは覆せないよ』と言われた。でも E 氏はディズニーも仕事内容も好き
なので辞めたくなかったという。店長やスーパーバイザーに 2 週間分くらい貯まっ
ていた有給を消化するように言われたが、委員長に有給を消化したら、辞める意志が
あるように見えるので消化しないようにアドバイスを受けた。

委員長「E さんは辞めずに働きたい意向だったで有休を取らないように言いました。
このまま辞めたい人、気まずい、怖いなどで職場に出られない人なら残っている有給
を消化するようアドバイスします。」
E 氏「私は 2010 年入社で、それ以前は別のところで美容師として働いていました。
ディズニーにこのようなヘアメイクの仕事があることは以前から知っていました。

2010年にリーマンショックの影響で美容師の仕事が縮小して、その時に今の仕事（ヘアメイク）を募集していたので応募したら採用されました。私が採用されたタイミングでは美容師資格と実務経験1年以上必要でしたが、今は資格だけで未経験でも新卒でも採用されます。ディズニーランド内に2号店ができたからです。新人にOJTでみっちり教えます。」

筆者「Eさんは後輩の育成はしますか。」

E氏「いいえ、私はGキャストですがトレーナーではありません。後輩の人材育成はGキャストがトレーナーになればできます。その次にIキャストになってCキャストになります（MAGICの順）。それに伴って時給が上がるらしいです。私は勤続7年目ですが、この問題（解雇されて同ユニオンに相談して復職）があるから昇格しないと思います。私より後に入った人たちがどんどん昇格していきました。労働問題で声を上げた人は昇格に不利になると感じます。でもトレーナーになりたいわけではないです。私は現場でゲストサービス（ヘアメイク）をしたいです。トレーナーは現場の仕事だけではなく育成やフォローアップもしなければなりません。それに店全体を良くする仕事もするそうです。それは私に向かない仕事です。でも後輩が先に昇格していくのはいい気持ちではないです。」

筆者「雇止めの時の話に戻ります。小部屋で1対3で4時間も退職を迫ったなら、オリエンタルランドは脅迫だったと認めましたか。」

委員長「いいえ、オリエンタルランドはそういうことは認めません。謝罪もありませんでした。でもこの内容では解雇理由にならないと認めざるをえませんでした。ゆえに、本社の人事部が現場のスーパーバイザーや店長に実態の聞きとり調査をし、ユニオンの主張と現場の主張に隔たりがないということで解雇撤回を認めました。Eさんは、元職で2月1日以降も雇用は継続されています。パート・アルバイトの雇用は6ヶ月契約を更新していきます。普通に働いている限り継続が前提です。」

E氏「更新面接でスーパーバイザーが雇用を継続しますかと聞いてきますので、キャストが継続するかしないか選ぶ権利があります。でも実際は会社の方が強いです。同僚でも細かく聞かない限り時給など契約内容は分かりません。」

(3) パート・アルバイトの上司スーパーバイザーの問題

委員長「問題を起こすのはスーパーバイザーが多いです。約18,000人いるパート・アルバイトの管理監督をしているのがスーパーバイザーです。そのため非正規に解

雇や賃金減額などを言い渡すのがスーパーバイザーです。スーパーバイザーがパート・アルバイトに対して権力を握っています。現場からスーパーバイザーの質が下がっているという声が上がっています。」

筆者「そうですか。私が 2000 年代半ばに聞き取り調査をしたときはスーパーバイザーの質が悪いとか、問題を起こしたという話は聞きませんでした。」

委員長「そうですか。現在はスーパーバイザーがらみの問題が多いです。これまでオリエンタルランドと雇止め、パワハラ、賃金カットなどの問題で交渉して来て気づきましたが、会社としてもその辺をどうしたらいいか難しいようです。」

筆者「私が 2000 年代半ばにオリエンタルランドの HP を詳しく読んだら、スーパーバイザーは最長 10 年間契約社員として雇用すると記載されていました。アルバイト歴の長い B さん（第 2 章の B 氏）がスーパーバイザーを目指さなかったのは 30 代後半で失業する危険性があったからです。B さんによると多くの場合、20 代後半でスーパーバイザーになり、10 年後 30 代後半で終わるそうです。怖くて目指せないと言っていました。」

委員長「詳細は不明で全員かどうかわかりませんが、スーパーバイザーが正社員か無期雇用かになりました。スーパーバイザーが契約社員でいた時代の方が、失業の恐怖があったためか、一生懸命仕事をし、質が良かったという声が現場にあります。スーパーバイザー自身、雇用形態も会社における地位も不安定で中途半端ゆえに、問題を起こしやすい状況にあるのではないでしょうか。」

E 氏「スーパーバイザーは管理職とはいえ、普通の会社なら課長ではなく、係長か主任クラスです。労働組合などの話になると、スーパーバイザーは『私は法律にあまり詳しくない』と言います。上から言われたとおりにしているだけだと思います。だけど『スーパーバイザーは会社の代表じゃない』と言われましたが、私は『スーパーバイザーは会社の代表』だと思います。現に私はスーパーバイザーから首を言い渡されました。」

● **女性出演者の労災問題**

女性出演者 F 氏は、ショーの前にウォーミングアップをしていると、肩周りからわきの下、肘先にかけて痛みや違和感があり、トレーナーに相談したら、出演しない方がいいとアドバイスを受けた。ところがショー開始直前で代替できず、F 氏を含むユニットでの出演のため、1 人出演しないことでユニット全員の仕事がなくなってし

まう。他の人に迷惑がかかるため、F氏は無理して出演した。結果、全治203日間と診断される。それでF氏は上司のスーパーバイザーに労災認定をお願いした。ところがそのスーパーバイザーは「今までこの病名で労災申請した人はいない。前例が無い」と暗に労災を申請しないようF氏に言った。それでF氏は同ユニオンに相談にきた。交渉で労災を認定するのは労基署であることを確認し、労災として申請された。ただし休業中の保障が何も無いので、交渉は継続されている。結局F氏のように体を傷めた出演者は泣き寝入りで辞めることが多い。出演者は夢や憧れで就く仕事なので、ディズニーだから働きたいという希望者が多い。それ以前にディズニー以外で出演者として収入を得られる仕事は少ない。その思いが賃金や労働条件改善の歯止めになっている感がある。

(4) E氏にOFS加入の勧誘

　オリエンタルランドでは労働組合OFSが全非正規従業員にOFS加入を呼びかけている。E氏は復職後も同ユニオンに加入している。2017年3月に入って、直属の上司であるスーパーバイザーからOFSに加入するよう言われた。しかしOFSと同ユニオンの二重加入は制度上できない。恩義がある同ユニオンにこれからも加入すると伝えたが、OFSに入らないとまた解雇されるのではないかという不安感がある。

● OFSはどのような組織か

筆者「オリエンタルランドが非正規従業員全員をOFSに加入すると発表しましたね。」

委員長「はい。私たちはオリエンタルランド・ユニオンを2014年2月3日に結成し、非正規の賃金、労働条件、個別案件の交渉を続けて来ました。私達がこれ以上、力を拡大する前に非正規従業員全員を会社と『仲良し』であるOFSに入れようとしていると感じます。それに非正規を加入させないとOFSは過半数組合になれません。正社員約2,000人、非正規約18,000人、合計約2万人ですから。」

E氏「オリエンタルランドが『OFSガイドブック』を作ったのですが、OFSがやったことを見ると、レクレーションや従業員送迎バス増加、トイレ改善、自動販売機改善など福利厚生です。個別の労働問題に対応していません。私は労働協約の打ち合わせとして集まるように言われ、『福利厚生の一環としてOFSに入って下さい』と言われました。でもOFSは賃金に関する交渉などはしていないと思います。」

筆者「OFS の前身は社員親睦会[80]です。」

委員長「社員親睦会を前身とし、主たる活動は親睦という労組は多いです。」

E 氏「OFS の組合費を納めていればレクレーションに参加無料できるのはなくて、有料だけど自分でそれをやるより安くできると言われました。」

委員長「OFS は会社とユニオンショップ協定を結んだ組合なので、オリエンタルランド入社と同時に加入しなければなりません。もし OFS という組合を辞めるとしたら会社も辞めることになります。でも同じ会社内に二つの組合がある場合、日本国憲法ではどの労組に入るかはその労働者の自由です。今後オリエンタルランドのキャストは OFS かオリエンタルランド・ユニオンか、どちらか選んで加入しなければなりません。現在行われている OFS の勧誘は、労働時間内にスーパーバイザーや店長が非正規従業員に OFS の説明をし、終了後に差し出された紙に署名するように言われ、署名すると OFS に入会したことになっています。会費は時給×総労働時間×0.7%×12 ヶ月なので人によりますが、月 800〜1,500 円くらいになります。どうやら OFS に入ると時給が上がるから会費を払っても持ち出しはないけど、オリエンタルランド・ユニオンに入ると組合費だけ取られて時給はそのままと説明されているようです。でも会社には複数の組合に対する公平中立義務があります。OFS の組合員が賃上げされるなら、オリエンタルランド・ユニオンの組合員も賃上げされなければなりません。」

E 氏「私は OFS に勧誘されたときにオリエンタルランド・ユニオンに既に入っていますといったら、スーパーバイザーに『それなら両方に入ればいい』と言われました。それでは二重に組合費を取られます。」

委員長「ユニオンショップなので今の従業員には組合の説明と加入の署名が必要ですが、今後入社する非正規は説明無しで加入させられ、給料から組合費が天引きされます。」

(5) アルバイト応募者の質の低下

委員長「オリエンタルランドの人と話したときに、キャストに応募してくる人の質が下がったと言っていました。出演者には絶対にディズニーでやりたいという強い意

---

[80] OFS の前身が社員親睦会であることはこの記事にある。1988/03/17 日本経済新聞　夕刊 19 頁「東京ディズニーランド、おとぎの国の明るい闘争——用語すべて横文字（88 春闘前線）」

志がありますが、フード部などならディズニーでなくてもいいという人が増えていると感じます。嫌なことがあったらユニオンで闘うよりも辞めた方がいいと思うようです。」

E氏「私もそう感じます。そこまでディズニー好きだから働いているという人は減ってきていると思います。」

筆者「2000年代半ばまではディズニーが好きだからバイトしている人がほぼ100%だったそうです。」

E氏「キャストの中に年間パスポートを持って頻繁に通っている人がいますが、それほど多くないです。トレーニングパスポート（トレパス）で終わる人が多いと思います。3ヶ月に一度トレパスを貰えて、他のキャストがどのようなハピネス（幸せ）を提供しているかを学ぶように言われています。」

委員長「東京のアルバイトは時給1,200円を超える募集が多いのに、オリエンタルランドは平均時給1,000円でそれほど昇給しません。それに応募してから採用されて実際に働き始めるのに3ヶ月くらいかかるので、その間経済的にもたない人、何よりも生計維持者は働けないです。」

E氏「労働問題がどんな状況であれ、ゲスト、特にお子さんに裏は見せられません。私達は『憧れのキャスト』で『フェアリー・ゴッドマザーのトレーニング生』という設定です。常に笑顔で演じ続けます。フェアリー・ゴッドマザーはシンデレラに魔法をかけた人です。各ロケーション（店舗やアトラクション）には必ずバックストーリーがあります。会社からその設定通りに働くよう言われています。その教育は最初に店に配属されたとき、この店はこういう設定の店ですとOJTで指導されます。」

4．まとめ

　本章では、非正規従業員の解雇から復職までの経緯、復職後の処遇などを考察した。研究方法はインタビュー調査で、インタビュイーは、①実際に解雇にあい、同ユニオンの交渉で復職に成功したアルバイトのE氏、②同ユニオンの上部団体なのはなユニオン委員長である。本章では次の点を発見した。

　第1に、キャストや出演者などの非正規従業員の直属の上司スーパーバイザーが現場で権力を握って、解雇を言い渡したことが明らかになった。スーパーバイザーはテーマパーク社員という契約社員（正社員化または無期雇用化された）でキャストを統括する中間管理職である。全体で統一されておらず一人ひとり違う考えを持ち、違

うことを言うようである。女性出演者 F 氏のケースは、スーパーバイザーが出演者に対して権力を握り、労災申請させないようにしたケースと言える。キャスト E 氏に解雇を通告したのはスーパーバイザーと店長である。店長もアルバイトである。

第 2 に、キャストの質が低下しているようである。その原因は、①浦安周辺の他のアルバイトに比べて高額だった時給が平均的な 1,000 円になった、都心では時給 1,200～1,300 円のアルバイトが多い。②キャストの給与が昔のように上がらなくなった、③身に覚えの無い勤務態度の悪さで解雇などブラック化していることなどが考えられる。

第 3 に、2000 年代半ばにインタビュー調査したときは、TDR のキャストのほぼ全員がディズニーが好きだから働いていたのに、2017 年現在ではそのような愛社精神の強いキャストが減っていることが明らかになった。ただし愛社精神と言っても、ディズニーの世界観が好きなこととオリエンタルランドのために働くことに生き甲斐を見いだしていることは別である。

オリエンタルランドの持続的競争優位の一因は質の高いキャストをアルバイトの給与で雇用できることにある。これではそれが失われる。

オリエンタルランドもそれに危機感を抱いているようである。2017 年 3 月 15 日、同社は労使協議で非正規従業員約 2 万人を組合員にすることに合意したと発表した。これで OFS の組合員は約 2,000 名から 2 万 2,000 人近くに増員するだろう。この労使合意について「労働人口の減少によって今後は人手不足が予想される」と背景を説明した。非正規従業員の労働環境が良くなれば、人を集めやすくなるとみている。労組執行部は「人事、制度、職場環境の三つの視点から交渉を進めていきたい」としている。OFS の非正規従業員の労働条件の改善交渉は 2018 年春闘からとなる[81]。

キャストの一部はお金を取られるという理由で OFS 加入を嫌がっていることが本調査で明らかになった。もし OFS が非正規従業員にとって頼りにならなければ組合費を天引きされる分、実質賃下げとなる。そうならないことを祈る。今後 OFS が非正規従業員にとって頼りになるのか、不当解雇を通告されたら個別に争ってくれるのか、組合費は有効利用されるのかなど、研究を進める。

---

[81] 「オリエンタルランドが非正規 2 万人を組合員に　労使で合意」（2017 年 3 月 15 日）2017 年 3 月 15 日アクセス　http://www.sankei.com/life/news/170315/lif1703150041-n1.html

非正規雇用問題の影響は不明であるが、TDR の顧客満足度は 27 位に低下した。日本生産性本部の JCSI（日本版顧客満足度指数）では、2012 年に 2 位たっだのに対して、2016 年度は 27 位に転落した（詳細は『短編　東京ディズニーリゾートの顧客満足度ランキング推移』）。

　USJ の急速な追い上げもあり、テーマパーク業界は波乱が予想される。キッザニアなど室内型中小テーマパークも人気である。TDR に近い千葉県船橋市のふなばしアンデルセン公園[82]も人気ランキングで上位にきている。ふなばしアンデルセン公園は大人 900 円、小中学生 200 円、幼児 100 円なので TDR と直接競合しないが、レジャーの「安・近・短」（安く・近くで・短時間で）志向で意外なライバルになるだろう。全国に入場無料の商業施設が乱立している。オリエンタルランドには従業員満足を下げない努力が必要である。

---

[82] ふなばしアンデルセン公園　2016 年 10 月 29 日アクセス　http://www.park-funabashi.or.jp/and/

短編　TDR の顧客満足度ランキング推移

　東京ディズニーリゾート（TDR）の顧客満足度は 2012 年度から 2014 年度まで日本 1 位か 2 位であったが、2015 年度に急速に低下して 11 位に、2016 年度に 27 位になった（表 1・2・3）。

　サービス産業生産性協議会が 2009 年 3 月に「日本版 CSI」という顧客満足度を測定する指標を開発し、サービス産業の企業の調査を行っている。CSI とは Customer Satisfaction Index の略である。満足を構成する項目や満足後の行動を示す指標について、米国の事例も参考としながら検証する。合計 4 回（18 業種 150 社以上）の実証調査を行う。インターネット調査により 1 社ごとに 300 人程度の回答者から、CSI を把握する。満足を構成する主要項目間（原因系／効果系）の関係の強さが分かる[83]。ただし、この指標ではそれを測定することは出来ない。

　経営学やマーケティングでは一般的に従業員満足は顧客満足につながると言われている。TDR の顧客満足度の低下要因としては、混みすぎ、疲れるのに座るベンチが少ない、飲食店で座ろうと思っても食事時の飲食店は 1 時間待ちなら短い方、チケットや飲食の高額化なども考えられる。

　エンターテイメント産業、ショービジネスという点で TDR と同業でライバルである劇団四季と宝塚歌劇団が急速に追い上げていて、このランキングでは TDR より上位である。TDR のライバルに USJ などテーマパークばかり考えがちであるが、劇団四季などの舞台、ミュージカルも強力なライバルである。テーマパーク産業では、大阪の USJ や長崎のハウステンボスの追い上げ、レゴランド名古屋の開業と拡張、中小規模で地域密着型のテーマパークの地道な集客など、TDR のライバルは確実に成果を出している。

　今後も TDR の顧客満足度ランキングを調査する。

---

[83] サービス産業生産性協議会「日本版 CSI について」（2009 年 3 月 9 日）2017 年 6 月 5 日アクセス　http://www.service-js.jp/uploads/fckeditor/uid000013_2014092521521907c6e63b.pdf

表1：2012 年度・2013 年度顧客満足度ランキング

	CSI	2012 年度順位		CSI	2013 年度順位
1	86.2	劇団四季	1	86.8	**東京ディズニーリゾート**
2	**85.7**	**東京ディズニーリゾート**	2	86.1	劇団四季
3	83.6	オルビス	3	83.7	帝国ホテル
4	82.6	帝国ホテル	4	82.8	宝塚歌劇団
5	82.0	Joshin web	5	82.7	オルビス
6	81.7	FANCL online	6	81.4	リッチモンド
7	81.6	ザ・リッツ・カールトン	7	81.1	コープ共済
8	81.5	ホテルオークラ	8	80.7	ドーミーイン
9	80.9	アマゾン	9	80.5	ヨドバシ.com
10	80.4	ドーミーイン	10	80.4	都道府県民共済
11	80.3	都道府県民共済	10	80.4	ホテルオークラ

出典：

・日本生産性本部 2012 度 JCSI（日本版顧客満足度指数）2017 年 6 月 2 日アクセス　http://www.service-js.jp/uploads/fckeditor/uid000003_2014030515525575d5f672.pdf

・日本生産性本部 2013 度 JCSI（日本版顧客満足度指数）2017 年 6 月 2 日アクセス　http://activity.jpc-net.jp/detail/srv/activity001403/attached.pdf

表 2：2014 年度・2015 年度顧客満足度ランキング

	CSI	2014 年度順位		CSI	2015 年度順位
1	84.6	劇団四季	1	87.5	劇団四季
2	**82.7**	**東京ディズニーリゾート**	2	84.5	宝塚歌劇団
3	82.1	宝塚歌劇団	3	81.9	コープ共済
4	81.9	コープ共済	4	81.9	ヨドバシ.com
5	81.0	都道府県民共済	5	80.9	帝国ホテル
6	80.7	Amazon.co.jp	6	80.7	都道府県民共済
7	80.7	オルビス	7	79.8	住信 SBI ネット銀行
7	80.7	ヨドバシ.com	8	78.6	リッチモンドホテル
7	80.7	帝国ホテル	9	78.5	クックパッド
10	79.8	スーパーホテル	10	78.4	オルビス
11	79.5	FANCL online	11	**77.9**	**東京ディズニーリゾート**

出典：

・日本生産性本部 2014 度 JCSI（日本版顧客満足度指数）2017 年 6 月 2 日アクセ
ス　http://activity.jpc-net.jp/detail/srv/activity001439/attached.pdf

・日本生産性本部 2015 度 JCSI（日本版顧客満足度指数）2017 年 6 月 2 日アクセ
ス　http://activity.jpc-net.jp/detail/srv/activity001471/attached.pdf

表 3：2016 年度顧客満足度ランキング

	CSI	2016 年度順位		CSI	2016 年度順位
1	86.8	宝塚歌劇団	15	78.4	ベンツ正規販売店
2	86.7	劇団四季	16	78.0	スターフライヤー
3	81.6	ヨドバシ	17	77.9	シンガポール航空
4	80.9	リッチモンドホテル	18	77.8	スーパーホテル
5	80.7	コープ共済	19	77.8	ホテル日航
6	80.5	帝国ホテル	20	77.6	FANCL online
7	79.9	ドーミーイン	21	77.5	通販生活
8	79.9	ヤマト運輸	22	77.5	ホテルオークラ
9	79.6	オルビス	23	77.4	オーケー
10	79.4	都道府県民共済	24	77.3	日本旅行
11	79.2	ジャルパック	25	77.2	コスモス薬品
12	79.2	阪急電鉄	26	77.2	JAL
13	79.1	Joshin web	**27**	**77.1**	**東京ディズニーリゾート**
14	78.8	ANA セールス	28	77.0	Amazon

出典：日本生産性本部 2016 度 JCSI（日本版顧客満足度指数）2017 年 6 月 2 日アクセス http://activity.jpc-net.jp/detail/srv/activity001503/attached.pdf

第9章　オリエンタルランドの労働組合 OFS の特徴
−社員親睦会を前身とする御用組合−

１．はじめに

　「夢と魔法の王国」の労働組合はどのような性格の組織なのだろうか。これほど東京ディズニーリゾート（TDR）に関する書籍が出版されるのに、労組に関する記載はほとんど無い。筆者がブログに「『夢と魔法の王国』の御用組合−オリエンタルランドの労働組合−」（http://ameblo.jp/nakajima-themepark-labo/entry-11702273841.html）と題して 2013 年 11 月 18 日に掲載したところ、アクセス数が多いので世間の関心強さが分かった。

　本章では、オリエンタルランドの労働組合である OFS（オフス：Oriental Land Friendship Society）の特徴を考察する。研究方法は日本経済新聞社の各紙を中心とした新聞記事である。

　なお、オリエンタルランドの正社員は 2,196 名、平均年齢 43.9 歳、平均勤続年数 19.9 年、平均年間給与 779 万 7,851 円である[84]。平均年齢 40 歳前後、平均勤続年数 20 年前後、平均年間給与 780 万円程度なので標準的な東証一部上場企業と言える。

２．OFS の特徴
(1) 連合発足時の最新最先端労組

　日経各紙で OFS が初めて報道されたのは 1987 年、連合の発足時であった。1987 年 11 月に労働四団体の枠を超えて 555 万人の労働者が結集し、連合（全日本民間労働組合連合会）が発足された。冬の時代が長く続いた労働界にあかりをともす話題となった。連合を機に参加組合の幹部は「ネクラ、厳しい」の組合イメージから脱皮を図ろうと思い入れのあるスタートであった。その時に注目されたのが OFS であった。新しいスタイルの労働運動をめざす連合発足の日に、独自の組合活動を模索していた佐藤健司氏（36 歳）は東京の厚生年金会館ホールでの会議に参加した。佐藤氏は 1987 年 2 月に結成されたばかりの OFS のチェアマン（委員長）であった。組合員の平均年齢は 29 歳であった。既成の労働組合にとらわれず、魅力ある組織にしたい

---

[84] 株式会社オリエンタルランド有価証券報告書第 54 期（平成 25 年 4 月 1 日から平成 26 年 3 月 31 日）2016 年 4 月 20 日アクセス　http://www.olc.co.jp/ir/pdf/y2014-04.pdf

という自由な発想から、夢を売る東京ディズニーランド（TDL）らしく組合の名前は
OFS となった。組合員は「メンバー」、書記長は「トップセクレタリー」、大会は
「オールメンバーズ・ミーティング」と呼ぶ。傍聴席に座った佐藤チェアマンは「新
しいものを目指そうという息吹を感じた」と言う。この連合発足では他にもイメチェ
ンがはかられた。開会冒頭で披露されたのが連合歌と愛唱歌であった。その題は「幸
福さがし」で、一般公募で寄せられた 83 点の中から選ばれた。「フォーク調で歌い
やすい。組合離れが続く若者や女性のハートを射止める」と山田精吾事務局長らは連
日猛練習を続けてきた。いずれも作詞家の星野哲郎氏が補作した。初めて聞いた全金
同盟の野本達教宣局部長は「労働組合歌ぽくなくて、楽しく歌えそうだ」とお気に入
りの様子であった。この日演壇中央に掲示されたのは赤旗ではなくライトブルーの
行動旗であった[85]。

　1987 年はバブル初期である。「経済大国日本」といわれ、好景気が始まった頃で
ある。労組とは思えない平和さである。連合の幹部も連合歌を練習するなど、労働環
境改善に忙しいとは思えない。好景気時代の労組である。

(2) 若者向けのお洒落なイメージの労組に変化

　次に OFS が日経各紙で報じられたのは 1988 年 3 月の春闘であった。そこでは組
合名、役職名、大会名まで全てカタカナにしたユニークな労組として紹介された。若
いメンバー（組合員）に向けて労組の暗いイメージを一掃する狙いであった。組合の
組織率が年々低下し、若者の組合離れが進む中で、上部団体のゼンセン同盟や他の単
産が労組のニューウエーブとして注目していた。OFS は 1983 年 4 月の TDL 開業と
ほぼ同時に誕生した社員親睦会が組合の役割を果たしていたが、「将来、経営の悪化
やトップの交代があった時、親睦会のままでは心配」との声が高まり、正式労組とし
て旗揚げされた。しかし組合旗、ハチ巻き、ビラなどは無く、代わりにファッション
ブランドのような金色鮮やかなロゴマークをつくった。チェアマンの佐藤健司氏は
「メンバー1,860 人の平均年齢が 27.5 歳の若い組合。従来の労組にとらわれずに、
メンバーと気軽にコミュニケーションが図れる明るい雰囲気づくりをめざした」と
「ニュー労組」の発想を話した。OFS は 1988 年に初めて本格的な春闘を迎えたが、

---

[85] 1987/11/21 東京読売新聞　朝刊 26 頁「「連合」発足　組合の暗いイメージ返上だ！　委員
長は「チェアマン」」

春闘という言葉を使わなかった。賃上げ要望書も提出しなかった。労使のミーティングの場で決めていく。本家米国のディズニーランドで 1984 年秋、賃金凍結をめぐって 3 週間のストライキがあったが、佐藤氏は「イメージが売り物のレジャー産業であってはならないこと」と労使協調路線を強調した。今後の課題として佐藤氏は、①浦安市最大の企業労組として市議会など政治への参加、②約 7,400 人のパートやアルバイトの組織化をどうするかを挙げた。若年層を中心とした労働者の意識変化、パート労働者の増加などから全国の労組の組織率は 27.6%（労働省調べ、1987 年 6 月末）と、12 年連続で低下していた。とりわけ産業別雇用者数で 2 位でありながら組織率が 16.7% と低いサービス業での組織化は、労働界にとって緊急課題であった。OFS の上部団体、ゼンセン同盟の三ツ木宣武組織局長は「今の若い人には労働者という意識がない。例えばブティックの店員をハウスマヌカンと呼ぶように横文字の方が若者に受け入れられやすいわけで、OFS の出現も時代の流れ」と分析した[86]。

(3) 組織率が低くパートタイマーは加入できない

　1988 年 5 月、OFS の組織率の低さが報道された。OFS のメンバーは正社員だけでパートやアルバイトを含まないため、組織率は TDL で働く人の約 2 割にしかならなかった。トップセクレタリー（書記長）の春山光男氏によると「社員個々人の力量を養い、力のある人間集団を作ろうという発想で、組合を意識したわけではない」。「オフィス」（書記局）にも労組特有の赤旗や檄文（げきぶん）などは無い。ソファや清涼飲料水の自動販売機のあるロビー、ミッキーマウスの置かれたカウンターと、会社の事務室と同じ感覚であった。お客を「ゲスト」、従業員を「キャスト」と呼ぶ会社なので横文字組合も比較的すんなり受け入れられた。大きな課題は賃金問題と労働時間短縮であった。しかしその話し合いはあくまでも労使協調路線であった。1988 年の賃上げでも「要求」「春闘」などとりたてて言わずに、年率で 6.75%、年額 1 万3,500 円の賃上げの回答を引き出した。しかし世間相場に比べて高水準となった賃上げも、未組織のパート従業員などには適用されなかった。従業員は正社員 2,199 人、準社員と呼ばれるパート・アルバイト 8,167 人であったが、OFS は<u>課長代理以下の正社員のみ</u>を対象とした<u>ユニオンショップ制</u>を採用しており、組合員は約 2,000 人

---

[86] 1988/03/17 日本経済新聞　夕刊 19 頁「東京ディズニーランド、おとぎの国の明るい闘争
――用語すべて横文字（88 春闘前線）」

しかいなかった。平日には社員同様フルタイムで働いている人も 2,000 人近くおり、中には「組合に入れてもらいたい」との声もあったが、「正直いって社員のことをやるだけで手いっぱい」とチェアマンの佐藤健司氏はいう。パートの組織化という難問に頭を抱えていた[87]。

(4) 古くてイデオロギーの強い労組からお洒落な労組へ

1988 年 8 月になると、OFS は労組らしくない労組、古くてイデオロギーの強い労組からの脱却の代表として紹介された[88]。「組合らしくない組合をつくろう」というスローガンを掲げて OFS が発足された。「組合員 2,000 人、平均年齢 29 歳の若い組織。暗くてダサイ組織だけにはしたくなかったんです」。六本木のファッションオフィスを思わせる事務所でトップセクレタリーの春山光男氏はこう語った。「闘争」「春闘」などの旧来の組合用語は全て使わない。タウン紙を思わせる教宣紙も号令型の文章を排除し、組合員の質問にやさしく答える形で組合運動の方針と意義を説く。「これからの労組はもっともらしさよりも本音で行動し、自己評価できる組織であるべき。わかりやすく、スマートに、が原点です」。ハチマキやスクラムで闘いを組んできたイデオロギー型労働運動の匂いは無かった。

(5) 時間短縮要求を勝ち取る

1988 年 11 月になると、OFS は労組の改革の代表例のように紹介された[89]。

OFS メンバーのほとんどが 1983 年の TDL 開業直前か、それ以降に入社した。オリエンタルランドに「就社」したというより、ディズニーランドが好きで「就園」した若者たちである。初代チェアマン佐藤健司氏は「若い人たちからみると、労組のイメージは何か暗い。それに TDL のような人を楽しませる事業に従来の堅い組合用語はなじまない。だから言葉を含めて全く新しい発想でスタートすることにしたのです」「人を楽しませる仕事なのだから、自分たちも生活をエンジョイしなければ」と説明した。OFS はゆとりある生活を目指して、時短要求に取り組んだ。1989 年 4

---

[87] 1988/05/02 朝日新聞　朝刊 26 頁「東京ディズニーランドにも労組あり　パート多く"組織率"2 割」
[88] 1988/08/13 北海道新聞朝刊全道（総合）2 頁「＜消える総評・労働組合はいま＞2　脱イデオロギー　新潮流"本音"が旗印　官公労にも体質の変化」
[89] 1988/11/09 日経産業新聞 32 頁「第 1 部忠誠心は残るか（21）優等労組——"個"包み込み再生（進化論日本の経営）」

月から年間総労働時間は 2,080 時間から 1,950 時間に短縮された。ディズニーラン
ド大好き人間だが、仕事中毒にはならない。労組も豊かな時代に育った新しい世代が
増えていた。賃金や労働条件は団体交渉などで会社から勝ち取るものという認識が
薄れていた。労組自体に関心を示さなくなりつつあった。

(6) 政治色無く、楽しむ性格が強い労組

OFS の一歩ずつ前進の意を込めて作ったマスコットの亀は、豊かさと夢を連想し
て、男性はユタカ君、女性はミライちゃんと名付けられた。1980 年代の労働界の潮
流であったのだが、1987 年 2 月に結成されたこの組合は初めから過去のイメージと
断絶した。ゼンセン同盟の一員で、春闘や労働時間短縮要求をするが、政治色はほと
んど無く、既成の政党への関心は驚くほど薄かった。「もう建前の時代じゃない」「組
合員が手弁当下げて、政党の政治活動に協力してなにがあるというんですか」とチェ
アマンの佐藤建司氏（38 歳）はコメントした。OFS の前身は社員親睦会で、綱引き
や玉入れを楽しむ運動会、スキーツアーなどを通じて仲間意識を育て、放送タレント
の永六輔さんらを講師に招いて勉強したりした。「もっと楽しむ組合でなければ……」
と佐藤氏は言う。佐藤氏は統一地方選で行われる浦安市議選に革新政党から非公式
に出馬を依頼された。OFS の組合員数があれば上位当選も可能だが、佐藤氏はやん
わり断った。「政党にいわば従属して、自分たちの組合を見失いたくない」という[90]。

(7) 日本の労組低迷と労働組合のイノベーション

次に OFS が報道されたのは 2000 年代前半である。2002 年 3 月、OFS は若者が
多い様々な雇用形態の中での組織化として注目されていた。OFS の伊藤順吾チェア
マンは関西生産性本部で次のような要旨で講演した[91]。
①会社と対立していては、お客様に夢を与えられない。会社と対応する法的に認めら
れた組織にしようと考えた。日本では法的に守られた従業員組織は労組しかないの
で、労組のかたちで 1987 年に発足した。

---

[90] 1990/01/06 朝日新聞　朝刊 0 頁「いま、透明感覚　ホンネで生活楽しむ（有権者の時代：
3）千葉」
[91] 2002/03/13 東京新聞夕刊 5 頁「低落に歯止めかかった米・英の労組　組織化のプロ養成で
奏功　英新たな労使関係構築　ハイテク産業も対象米」

②組合用語は使っていない。委員長はチェアマン、組合員はメンバーなどと呼んでいる。

③OFS はサービス業、顧客はメンバー（組合員）と考える。日ごろの世話役活動を大事にして、メンバーから喜ばれる活動をするのが原点だ。

④OFS は会社を良くする重要な機能を持った従業員組織。この切り口はエゴを抑えることもできるし、組合アレルギーを持つ若者にも興味を持ってもらえる。

⑤会社は敵ではない。利害が対立する中で、きちんと議論するために仲良くなる。

⑥活動への参加は指示、命令、懇願ではなく納得と共感による本人選択型。動員型では参加者のニーズが見えなくなる。

　この時の関西生産性本部での伊藤チェアマンの講演は、カテゴリー「経営品質」、講演日 2001 年 5 月 20 日、テーマ「労働組合のイノベーション　～東京ディズニーランド労組の挑戦～」であった[92]。

4．労組役員のその後のキャリア

　ここまでで分かっている OFS の歴代の役員は 3 名だけである。①佐藤健司氏、②春山光男氏、③伊藤淳吾氏のその後を追跡した。日本的経営の企業において、労組の役員は出世コースの一端と言われることが多い。オリエンタルランドではどうだろうか。ただし、ここでは<u>同姓同名</u>で漢字も同じ別人の可能性もある。

①佐藤健司氏

　Google で検索したら、佐藤健司氏は同姓同名がたくさん出てきたため、「佐藤健司　オリエンタルランド」で検索した（2016 年 8 月 28 日検索）。日経テレコンでも佐藤健司　オリエンタルランド」で検索した（2017 年 1 月 8 日検索）。

　1998 年 12 月 1 日、佐藤健司氏は教育部長に就任した[93]。そして 1999 年 6 月 29 日、人事本部人財開発部長（教育部長）に就任した[94]。2001 年 5 月 1 日、第 1 テーマパーク事業部長（人事本部人財開発部長）に就任した。東京ディズニーシー開業が 2001 年 9 月なのでそのタイミングで機構改革が行われたようである。①第 1 テーマ

---

[92] 関西生産性本部「ベストプラクティス情報」2017 年 1 月 7 日アクセス
http://www.kpcnet.or.jp/bp/practice/index.php?category=2
[93] 1998/12/01 日本経済新聞　朝刊 15 頁「オリエンタルランド（会社人事）」
[94] 1999/06/30 日本経済新聞　朝刊 15 頁「オリエンタルランド（会社人事）」

パーク事業部、第2テーマパーク事業部を新設、②第1運営部、第2運営部、第1フード部、第2フード部を新設、③運営部、食堂部を廃止した。同年6月下旬、同氏は取締役、第1テーマパーク事業部長に就任した[95]。

そして、同氏はオリエンタルランドの取締役と執行役員に昇進した。オリエンタルランドの「株主通信2004年春夏号」（2004年3月31日現在）に役員リストがあり「取締役　佐藤健司」と載っている[96]。2005年6月29日に第45回定時株主総会で取締役・監査役の新任・退任について発表された。それによると取締役の佐藤健司氏は退任し、同年5月16日付で執行役員に就任した。同氏は執行役員として「運営本部長委嘱、CS推進部担当、運営本部運営統括部長委嘱」となった[97]。2008年3月25日、オリエンタルランドは役員と担当変更・委嘱、人事異動について発表した。同氏は「執行役員　運営本部長委嘱、CS推進部担当」に就任した[98]。

②春山光男氏

1988年5月時点でトップセクレタリー（書記長）であった春山光男氏をGoogleで検索したが、出てこなかった。日経テレコンを検索しても出てこなかった（2017年1月7日検索）。

③伊藤淳吾氏

2002年にチェアマンであった伊藤順吾氏もGoogleで検索したが、出てこなかった（2017年1月7日検索）。日経テレコンで検索したところ、次の2件の記事がヒットした。

2001年5月に関西生産性本部の年次総会「関西生産性大会2001」で、伊藤氏が多様な雇用形態を採るTDRにおける労組の取り組みを講演した[99]。

---

[95] 2001/04/26 日経産業新聞31頁「オリエンタルランド（会社人事)」
[96] オリエンタルランドHP「株主通信2004年春夏号」（2004年3月31日現在）2016年8月28日アクセス　http://www.olc.co.jp/ir/annual/2004ss/coporate.html
[97] オリエンタルランドHP「取締役」2016年8月28日アクセス
http://www.olc.co.jp/resources/pdf/news/2005/2005062901.pdf
[98] オリエンタルランドHP「組織改正ならびに役員の担当変更・委嘱、人事異動について」
（2003年3月25日 2016年8月28日アクセス
http://ke.kabupro.jp/tsp/20080328/431c1530_20080328.pdf
[99] 2001/05/18 日刊工業新聞　近畿圏版35頁「関西生産性本部、30日に年次総会を開催」

翌 2001 年 12 月 1 日のオリエンタルランド（会社人事）の記事に「エンターテイメント本部ショー運営、伊藤順吾」と掲載されている[100]。エンターテイメント本部ショー運営に異動になったようである。

初代チェアマンの佐藤氏だけが大きく出世したようである。この 3 名しか情報が無いため限定的な推測になるが、労組 OFS はそれほどの出世の登竜門とは言えないだろう。役員は労組専従ではないと推測できる。

5．OFS の組織と活動内容

ここで OFS の公式パンフレットに組織と活動内容がどう説明されているのか見てみよう。オリエンタルランド・ユニオンへの第 2 回インタビュー調査（2017 年 3 月 7 日実施）に際してオリエンタルランドが発行した「OFS ガイドブック」（2017 年 2 月 6 日発行）を拝読した。ここでは同ガイドブックから引用する。同ガイドブックには「無断転用・記載を禁じる」と書かれていない。オリエンタルランドは有価証券報告書に毎年「労働組合とは円満です」「特記事項無し」などと書いているため、これまで何も情報が無かった。

インタビュー調査の 8 日後の 2017 年 3 月 15 日、オリエンタルランドは約 2 万人の非正規従業員を正社員対象の労働組合 OFS に加入させると発表した。新たに組合員となるのは、アトラクション施設で働くアルバイト、嘱託社員、各種ショーの出演者らである。同年 2 月の労使協議で合意した。この措置で OFS の組合員は現在の約 2,900 人から大幅に増える。非正規従業員は要求事項がある時は会社と個別に交渉しなければならなかったが、労組による団体交渉の中で要求を伝えられるようになる。この労使合意についてオリエンタルランドは「労働人口減少で今後は人手不足が予想される」と説明した。非正規従業員の労働環境が良くなれば、人を集めやすくなるとみている。労組執行部は「人事、制度、職場環境の三つの視点から交渉を進めていきたい」とした。非正規従業員の労働条件の改善交渉は 2018 年春闘からとなる。労組執行部は新たに加わる組合員の意見を聞いた上で具体的な要求事項を固める方針であった[101]。

---

[100] 2002/11/30 日本経済新聞　朝刊 15 頁「オリエンタルランド（会社人事）」
[101] 産経ニュース「オリエンタルランドが非正規 2 万人を組合員に　労使で合意」（2017 年 3 月 15 日）2017 年 3 月 15 日アクセス

キャストの E 氏 (第 8 章) によると、このマスコミ発表より 1 ヶ月ほど早く OFS はキャストに OFS に入会するようこのガイドブックを配布し、説明していた。キャストの一部は OFS 加入で「お金をとられたくない」「バイトなので生活が苦しい」と言っていると E 氏は言う。

＜労働組合とは何か＞

労働組合は働くものが自ら結成して「働くこと」や「生活すること」を改善するために活動する組織である。労働組合法第 2 条では「労働者が主体になって自主的に労働条件の維持改善その他経済的地位の向上を図ることを主たる目的として組織する団体又はその連合団体をいう」と定義されている。また働くものの基本的権利である団結権、団体交渉権、団体行動権の 3 つを労働三権という、これらは日本国憲法第 28 条で保障された権利である。

---

(1) OFS の組織

● **OFS メンバー範囲**

・社員（管理職待遇者、試雇期間を除く）

・準社員（M キャスト、シーズナルキャストを除く）

・出演者（入社して 3 ヶ月間を除く）

・嘱託社員（管理職待遇者、試雇期間を除く）

● **ユニオンショップ協定**

OFS は会社とユニオンショップ協定を結んでいる。OFS は「株式会社オリエンタルランドに採用された全ての従業員が OFS メンバーとなり、OFS メンバーは必ずオリエンタルランドの従業員でなければならない」と会社と取り決めた。

ユニオンショップとは、その職場で労働者は必ず労働組合に加入しなければならない制度である。加入しないまたは脱退すると解雇される。

もし御用組合で会社の言いなりだったり、労働問題の当事者になったとき何もしてもらえなかったら、会費を取られるので実質賃下げとなる。

---

http://www.sankei.com/life/news/170315/lif1703150041-n1.html

図1：OFS の組織構成

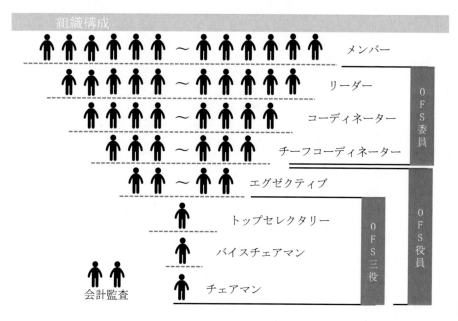

出典：「OFS ガイドブック」4 頁の図より筆者作成

表1：ブロック構成（2017 年 2 月現在）

ゼネラル ブロック	経営戦略本部、総務部、人事本部、経理部、IT 戦略推進部、社会活動推進部、広報部、食の安全監理室、ビジネスソリューション部、リゾートクリエイト部、CS 推進部、スポンサーマーケティングアライアンス部、マーケティング本部、シアトリカル事業部、関連事業部、監査部、監査役室、出向者（M テック除く）
エンターテイメントブロック	エンターテイメント本部
運営ブロック	運営本部
商品ブロック	商品本部
フードブロック	フード本部
技術ブロック	技術本部・M テック出向者

出典：「OFS ガイドブック」4 頁の表より筆者作成

図2：会議体

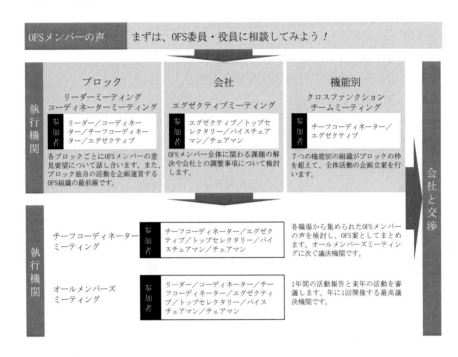

出典：「OFSガイドブック」4頁の図より筆者作成

(2) 活動内容

OFSメンバーの意見・要望をもとに、安心して働くための労働条件の改善をしたり、仲間や家族と参加することで仕事がもっと楽しくなるイベントを開催している。

● 働く安心支援活動

労働条件の向上や労働環境の改善など、安心して働くための環境づくりを会社と交渉・協力して実施している。これまでに実現したことは次のようになっている。

①働く環境に関すること
・レストルームの和式を洋式に、洗面台も使いやすく改装
・シャトルバスの深夜便などの増便
・従業員食堂の増席
・ブレイクエリアに電子レンジ設置

・喫煙所の整備と分煙環境整備

・インフルエンザの予防接種を会社で受けられるようになった

・バックステージの自動販売機増設

・コンビニエンスストア開業

・ワードローブ別館利用者の着替え環境を改善

②賃金に関すること

・昇給（2009 年、2013 年）

・臨時ボーナス支給（2014 年、2015 年、2016 年）

③制度に関すること

・テーマパーク社員から社員への雇用区分変更について円滑な移行

・育児や介護と仕事の両立を支援する制度を改善

・定年退職後に再雇用を希望している社員のため法改正に先立ち対象者基準見直し

● 働きがい支援活動

　ロケーション（勤務する店舗、アトラクション等）やユニットなど、職場の枠を超えてたくさんの仲間と交流できる。人と人とのつながりを大切にして仕事が楽しいと感じられる風土づくりを応援する。これまでに実施したことは、ディズニー映画鑑賞会、昼食交流会、スポーツ大会、家族参加バスツアー、船上パーティ、バーベキュー大会、料理教室などである。

● 生きる安心支援活動

　仕事を支える生活を取り巻く環境について情報提供や支援を行う。結婚・出産時には祝い金を、災害時などには見舞金を渡す。OFS 共済制度は表 2 のようになっている。

● 生きがい支援活動

　ボランティア活動などの社会とのつながりや社会の労働組合との交流を通じて、一人ひとり違う生きがいを発見するきっかけづくりを支援する。今までの実施してきたのは、東京ベイ浦安シティマラソン給水所運営活動、富士山植樹活動、東北復興支援活動、あしたば中野学園ボランティア、他企業の労働組合との交流などである。

表 2：OFS 共済制度

	準社員/出演者/ 嘱託社員（予定）	社員
結婚祝金	5,000 円	10,000 円
出産祝金	5,000 円	10,000 円
休業見舞金（30 日毎）	5,000 円	10,000 円
災害見舞金　全焼・全壊	50,000 円	100,000 円
災害見舞金　大規模半壊	40,000 円	80,000 円
災害見舞金　半焼・半壊・床上浸水	30,000 円	50,000 円
忌慰金　本人	150,000 円	300,000 円
忌慰金　配偶者	50,000 円	100,000 円
忌慰金　実・養父母、子女	20,000 円	30,000 円
介護見舞金　配偶者・父母・義父・義母	5,000 円	10,000 円
障害見舞金　等級により	20,000〜150,000 円	30,000〜300,000 円

出典：「OFS ガイドブック」3 頁の表より筆者作成

表 3：OFS 以外の共済機能

UA ゼンセン 共済	OFS の上部団体 UA ゼンセンが組合員の福祉向上を目的に運営している任意共済に加入できる。生命共済・医療共済・年金共済・積立共済など一般的な保険会社より低いコスト。
中央労働金庫	住宅ローン・自動車ローン・教育ローンなど各種金融サービス提供
全労済	マイカー共済・総合医療共済などの手頃な掛け金の保証提供

出典：「OFS ガイドブック」4 頁の図より筆者作成

＊OFS は上部団体 UA ゼンセンに加盟している。UA ゼンセンは連合（日本労働組合総連合会）に加盟する多種多様な産業から 164 万人員が加盟する産業別労働組合である。

● **OFS の運営費**

　OFS の活動費用はメンバーから OFS 費として集めている（表 4）。

表 4：OFS 費計算方法

社員	ステージ給×1.5%×14 ヶ月
嘱託社員	嘱託費×0.7%×12 ヶ月
準社員・出演者	基本時給×総労働時間×0.7%×12 ヶ月

出典：「OFS ガイドブック」3 頁より筆者作成

＊出演者とはパレードやショーのダンサー、キャラクターの中の人、司会者、スタントマンなどである。

表 5：OFS のメリット

OFS メンバーにとって	会社にとって
雇用安定。働く環境や賃金について話し合うことで労働条件改善につながる。	従業員の意欲が向上し、業績向上につながる。
コミュニケーション活動などを実施することで職場の仲間と一体感が生まれる。	チームワークが発揮されて仕事の効率が向上する。
私達の声が会社に伝わりやすくなる。	従業員の生の声を把握できる。
会社が健全な経営を行っているかチェック。	会社経営の透明性が増す。

出典：「OFS ガイドブック」1 頁より筆者作成

図3：OFS費の使い方

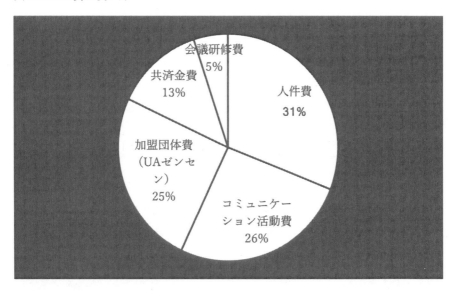

出典：「OFSガイドブック」3頁の図より筆者作成

6．発見事項と考察

ここまでOFSの特徴を考察してきて次の点を発見した。

第1に、OFSの前身は社員親睦会であった。社員親睦会では運動会、スキーツアーなどを通じて仲間意識を育て、芸能人を講師に招いて勉強したりした。「楽しむ組合」が望ましいと初代チェアマンはコメントしている。1983年4月のTDL開業とほぼ同時に誕生した社員親睦会が組合の役割を果たしていたが、将来経営悪化やトップ交代時に親睦会のままでは心配なので正式な労組となった。闘う労組ではないようである。高業績と安定収入を基盤にする日本企業の考え方である。業績不振の企業の労組は深刻な話題が多い。OFSが明るいイメージなのはオリエンタルランドの業績が良いからである。

第2に、OFS初期の1987~1990年に集中的に報道されている。その多くが最新、最先端の労組で、暗い、ダサい、古い、厳しいなどネガティブな労組のイメージからの脱却と紹介されている。1987年に連合が発足した時、連合も明るいイメージに返るため労組らしくない歌を作る、赤旗を飾らないなどした。つまりOFSは労組のイメージチェンジ時期に発足した。初代チェアマンは選挙に立候補するよう打診され

たが断った。政治色の無い労組である。それ以外では特に報道されるような特徴ある出来事が無かったのだろう。報道を元に従来型労組とOFSを比較すると表6のようになる。

表6：旧来型労組とOFSの比較

	イメージ	若年労働者の動向
従来型労組	暗い、ダサい、古い、厳しい	若者の組合離れ
OFS	新しい、お洒落、明るい、政治色無し、レク中心	組合員が若い

　第3に、1988年の賃上げで要求、春闘という言葉を使わずに、賃上げ率6.75%、1万3,500円の回答を引き出したが、未組織のパートタイマーなどには適用されなかった。OFSは課長代理以下の正社員対象で、組合員は約2,000人しかいなかった。平日には社員同様フルに働いている人も2,000人近くいて、組合に入りたいパートタイマーもいたが、チェアマンは正社員だけで手一杯であった。チェアマンは専従ではなく通常業務と兼ねていたのではないか。それほど労組重視の企業ではないようである。この頃からパートタイマーが正社員の労組に入りたいと言っていたことが明らかになった。

　第4に、OFSはユニオンショップ協定を結んでいることが明らかになった。ユニオンショップ協定とは、全従業員が入社と同時に労組に加入し、会員にならない、または退会すると会社も退社することになる協定である。これでキャストや出演者も入社とともに加入して組合費を給与から天引きされる。労働問題の当事者になったときに何も助けてもらえなければ、実質賃下げである。

　第5に、OFSはレクレーションやボランティア活動を活発に行っている。楽しむための労組のようである。個別の労働問題が生じたときに、会社と交渉してくれるのか不明である。

　第6に、キャストが年間いくらのOFS費を支払うのか計算してみよう。基本時給×総労働時間×0.7%×12ヶ月である。第7章によると、アルバイトの基本時給は1,000円で月間最低勤務時間116時間なので、月給11万6,000円、その0.7%は812円、その12ヶ月分は9,744円である。つまり時給1,000円で月給11万円台のアルバイトが年間1万円弱のOFS費を支払うことになる。さらに源泉徴収、復興税なども引かれる。

７．まとめ

　本章では、オリエンタルランドの労働組合 OFS の特徴を考察した。一貫して、OFS は旧来型の労組と異なり、若年層の組織率を上げ、明るく楽しいイメージの組織である。それは労組のイノベーションであった。

　本章の限界は、OFS について盛んに報道された 1987–1990 年以降の情報がほとんど無いことである。有価証券報告書には「労働組合とは円満です」「特記事項無し」という記載が続いている。春闘や団交が行われているのかなど不明である。

　OFS がアルバイトや出演者の労働問題を改善すればいいが、組合費を支払わされるだけの存在となったら実質の賃下げに終わる。そうならないことを祈る。第 8 章の E 氏によると、OFS は組合費を支払う分、時給を上げるとアルバイトに説明した。実際どうなるか今後も調査を続ける。

＜参考文献＞
- 　「OFS ガイドブック」株式会社オリエンタルランド発行（2017 年 2 月 6 日）

終章　ディズニーの光と影

　本書ではディズニーの労働問題を考察してきた。世界テーマパーク市場を席巻し、華やかな印象のディズニーランドであるが、働くとなるとシビアである。アメリカやフランスでは解雇とストライキが活発に起こっている。日本の TDR では会社に従順なキャストが現場でいいホスピタリティを提供しているが、キャストや出演者のブラック化が 2010 年代以降インターネットに大量に書かれている。雇止めを機にオリエンタルランド・ユニオンという非正規従業員のための労組が結成された。オリエンタルランドの正社員対象の労組 OFS は従順な御用組合のようである。

　2000 年代に入ると、日本では若年非正規雇用問題、若年貧困問題が顕著となった。彼らはバブル崩壊後まともな職に就けずにフリーターなど一時しのぎの仕事をしているうちに、2017 年現在 30〜40 歳代になっている。若年ではなく中年非正規雇用問題、中年貧困問題と化した。その年代の人にもまともな職に就いている人はいるため、所得格差が広がっている。30〜40 歳代はオリエンタルランドの主要顧客である。子供を連れて来場して欲しい年齢層である。独身なら 10〜20 歳代より豪華にお金を使ってほしい。中年層の経済力不足はオリエンタルランドの業績に悪影響を与えるだろう。

● なぜ日本では会社の権力がこんなに強いのか

　オリエンタルランドだけではない。日本では企業の権力が異常に強い。欧米では企業の権力はここまで強くない。なぜ日本ではこれほど会社の権力が強いのだろう。それは日本の高度成長期に終身雇用と年功序列賃金が定着し、企業が従業員の人生を支配する代わりに生活費を支払う生活給が定着したからだろう。

　日本では高度成長期に不足した労働者を企業が確保するために終身雇用にした。終身雇用は日本だけの制度である。他の国にそのような雇用制度はない。しかも年功序列で年齢給と勤続給になった。そのため正社員は真面目に働く限り首にならず、給料も上がっていった。会社が生活費を保証している状態になった。これを生活給という。生活給では、最初独身の 20 歳前後の新卒社員を雇い、20 代後半で結婚、家を買い、35 歳くらいまでに 2〜3 人の子供が出来、子供の高校から大学の最もお金がかかる時期に最も給料が高くなる。そして 60 歳で定年退職するときに退職金をもらい、

家のローン完済と老後資金とする。このように年齢によって必要になる生活費を会社が支払うという給与システムが生活給である。

新卒一括採用で60歳までの終身雇用となると、会社に洗脳されて、その会社の従業員にふさわしい考え方や行動様式を身につけている。これを社会化という。社会化された従業員はその企業で居心地が良い。多くの従業員と考えが合い、先輩や上司にかわいがってもらえる。一人でとがっているより賢い生き方である。これでますます上司の権力が強くなる。上司は会社の意向を伝える人と化した。会社や経営者の権力はもっと強い。そのため労組が形骸化し、御用組合と化し、弱い立場の労働者をかばわなくなった。労組の仕事は出世コースの一部となった。

新卒一括採用の弊害として、転職市場が貧弱になった。ほとんどの日本人にとって新卒時の就職先が人生で最もハイレベルな就職先である。転職するたびに勤務先のレベルが下がり、年収も下がる。年収が上がる転職は少ない。新卒採用はその時の景気に大きく左右される。優秀人材であっても不況時に新卒のタイミングが来ると非常に不利な状態で闘うことになる。

日本ではその人と仕事をするのではなく、その会社と仕事をする。会社の信用力が強く、個人の信用力が弱いせいだろう。会社を辞めたら個人で仕事をとることは難しい。自営業可能な業種のみ可能である。会社を辞めたら前職で培った仕事能力を生かしにくい。

ところが、ハリウッドではその会社と仕事をするのではなく、その人と仕事をする。ディズニー社も同じで、ディズニー社と仕事をするのではなく、その人とだからその仕事をする。日本ではオリエンタルランドと仕事をするのであって、その人とその仕事をするのではない。ハリウッドでは解雇されても別の会社に移るか、個人で会社を興すことが出来る。会社は所属するものであって、仕事は個人でするものである。日本ではこのようなことはほぼ出来ない。筆者がハリウッドを好きな理由の一つはここにある。日本では、実力はあるが就職運がつかない人にチャンスが到来しにくい。その就職運も新卒採用時が最も重要で、その後若いうちの転職のみいい雇用を得られるケースが多い。転職に重要な年齢に不況では、条件の悪い雇用で一生終わってしまう。

このようにして、日本では企業が従業員の生殺与奪権を握っている。それで企業が従業員に権力を強めてしまった。辞めたくても転職が難しい歳ならなおさら、若くとも他のいい雇用を得られないと分かっているのならなおさら、企業に従うしかない。

173

なお、日本以外の国ではこうではない。新卒採用が最も就職が悪く、苦労する。その後転職しながら勤務先のレベルと給料が上がっていく。専門職採用なので人事異動はない。年齢給、勤続給、生活給も無い。だから家族構成など聞かれない。基本的に同じ企業に勤める限り同じ月給（または週給）で、昇給はほとんどない。それで仕事能力を上げて転職し、給料を上げる必要がある。30代後半が給料のピークで40代に入ると給料は下がっていく傾向にある。諸外国でもこの部分は甘くない。

● オリエンタルランドの正社員も給料減少

　非正規従業員は深刻な労働問題に陥っているが、オリエンタルランドの正社員は大手の正社員なので経済状態が良いと思っていた。ところが、オリエンタルランドの正社員も給与が減らされたと『週刊ポスト』で2016年9月に報道された[102]。それによると、オリエンタルランドは内部留保を増やしているのに従業員の給与は減っている。日本企業の内部留保は拡大の一途で経済停滞の一因とされる。同誌が時価総額上位100社の内部留保を調べると、1位トヨタ自動車（16兆7,942億4,000万円）、2位三菱UFJフィナンシャル・グループ（8兆5,875億7,800万円）、3位ホンダ（6兆1,943億1,100万円）、4位NTT（5兆742億3,400万円）、5位三井住友フィナンシャル・グループ（4兆5,344億7,200万円）になった。同紙は「内部留保増と年収増の乖離が大きいTOP10」を調査し、前年度と比較、社員一人あたりの内部留保の増加額と、平均年間給与の増加額の差額で順位付けした。その1位がオリエンタルランドとなった。オリエンタルランドは1人あたりの内部留保が前年比で約1,300万円増えたが、平均給与は約16万円減少した。同社広報部は「利益余剰金を用いて、2020年まで新アトラクションなどに年間500億円規模の投資をする予定です。契約社員を正社員にするなど人材への投資も進めています」という。

　つまりオリエンタルランドの内部留保は増加するものの、平均給与は年間16万円減少した。OFSは賃上げ交渉する気迫や闘争心が弱いのではないか。それでも日本の転職市場の貧弱さを考えると、収入減でもオリエンタルランドの正社員を辞めるという選択肢は30歳代半ば以降では少ない。30歳代半ば以上でオリエンタルランドの正社員以上の雇用を得る転職は少ない。

---

[102] NEWS ポストセブン「オリエンタルランドが内部留保増でも給与減少 投資準備中」（2016年9月7日）2016年12月15日アクセス
http://zasshi.news.yahoo.co.jp/article?a=20160907-00000010-pseven-bus_all

● オリエンタルランドの不安要素

　オリエンタルランドが内部留保を増やすのは不安要素が多いからであろう。絶好調に見えるオリエンタルランドも楽ではない。不安要素に次の3点が考えられる。

①USJ、劇団四季等ライバルの追い上げ

　2016年10月の単月の入場者数ではTDL・TDSよりUSJの方が入場者数が多かった。USJでは10月のハロウィンイベントが人気で入場者数を増やした。ハウステンボスはHISに経営譲渡されてから急速に入場者を増やしている。レゴランド名古屋が2017年4月にオープンし、6月に拡張すると発表した。ふなばしアンデルセン公園（千葉県船橋市）は大人900円、子供200円と安価なレジャーで人気を集めている。東京と甲子園（兵庫県）でキッザニアが人気を博している。他のレジャー施設が、ちょっとしたエンターテイメントを付随させて「○○のテーマパーク」と名乗り、テーマパークとして報道されている。これらもその地域で人気施設に育っているケースが多い。劇団四季や宝塚歌劇団などのショービジネスも顧客満足度を上げてきている。ショービジネスという点では大ブームの「会いに行けるアイドル」もライバルである。サンリオピューロランドは乗り物ではなく演劇とその役者が「会いに行けるアイドル」のようにファンと交流することで人気を博している。テーマパークと演劇と「会いに行けるアイドル」が複合的になっている。ミッキーマウス等のキャラクターも「会いに行けるアイドル」のような性質がある。

②10年間で約5,000億円の追加投資

　オリエンタルランドは2010年から2020年までに10年連続で毎年約500億円、合計5,000億円を追加投資して新エリア拡張予定である。TDRだけではなく、テーマパークやレジャー施設全般で、追加投資は必ずしも採算が取れるほど集客力があるわけではない。高額なのにそれほど長期間集客力を得られない傾向にある。1990年代にブームだった絶叫マシン（富士急ハイランドのFUJIYAMA等）は2000年代に入ると投資額ほどの売上を得られなくなった。TDL、TDSに続く第3パークが噂されて久しい。5,000億円あれば世界でトップクラスの巨大テーマパークができる。第3パークにせずにTDLとTDSをより充実させるようである。2017年6月現在、大人一日7,400円であるが、また値上げされるのではないか。それで顧客離れが起きないだろうか。

175

③契約社員の正社員化・無期雇用化

　スーパーバイザーは契約社員（テーマパーク社員という呼称）であったが、正社員か無期雇用に変更された。この詳細をオリエンタルランドは公表していないようである。2000年代半ばには、スーパーバイザーは最長10年間雇用すると公式HPに書かれていた。TDRでのキャスト歴が長く、新浦安駅近くに住むB氏がスーパーバイザーを目指さなかったのは、30代後半で失業の恐れがあったからである（第2章）。2000年代以降の日本では、正社員と非正社員の格差問題、アルバイト、派遣、請負がブラック化していることなど、労働問題がひどい企業は報道されて有名になり、企業のイメージダウンにつながる。CSR（Corporate Social Responsibility：企業の社会的責任）上も問題になる。今後の日本社会は労働人口減少に伴い現場の人手不足に陥る見込みである。また出演者の多くはディズニーで踊ってこそ価値があると考えているし、ディズニー以外で出演者としての雇用はほとんど無い。しかし飲食など店舗店員はディズニーでなくて普通のアルバイトでいいと考え、時給の高い方に流れる傾向が強まっている（第Ⅲ部）。

● 非正規従業員全員の労組加入と深夜早朝時給アップ

　オリエンタルランドは2017年4月1日から全非正規従業員を正社員の労組OFSに加入させた。同日からキャストの全職種において19時から22時の間、1時間あたり200円の手当を支給するようになった。同日より一部職種において調整給（職種や専門的な業務内容にひもづいて加算）を改定した[103]。

　表1によると、基本的には深夜と早朝のみ昇給し、大半の勤務時間、特に8時から22時は時給1,000円のままである。パーキングロットとは駐車場のキャストである。前出のB氏によると、2000年代半ばでもすでに駐車場はアルバイトから不人気部門であった。不人気のせいか昼間帯の時給が150円アップしている。フードサービスは飲食店のキャストである。飲食店でのアルバイトは日本全国的に不人気である。フードサービスも昼間帯の時給が100円上がっている。TDRほどのブランド力があっても飲食店はアルバイト確保に苦戦しているのかも知れない。オリエンタルランドがキャスト確保に苦労する日が来るとは思わなかった。

---

[103] 出典：東京ディズニーリゾートキャスティングセンター「時給一覧」2017年4月18日アクセス　https://www.castingline.net/disney_recruit/wages/

表1：キャストの時給アップ一部抜粋（2017年4月1日改訂）

職種	基本時給	調整給	時間帯による手当てを含む時給				
	8:00〜22:00	8:00〜22:00	7:00〜8:00	19:00〜22:00	22:00〜1:00	1:00〜7:00
アトラクション	1,000円	–	1,200円	1,200円	1,550円	1,450円
フードサービス	1,000円	100円	1,300円	1,300円	1,675円	1,575円
マーチャンダイズ	1,000円	–	1,200円	1,200円	1,550円	1,450円
ゲストコントロール	1,000円	–	1,200円	1,200円	1,550円	1,450円
ワールドバザール	1,000円	–	1,200円	1,200円	1,550円	1,450円
ゲストリレーション	1,000円	–	1,200円	1,200円	1,550円	1,450円
パーキングロット	1,000円	150円	1,350円	1,350円	1,738円	1,638円
セキュリティ	1,000円	30円	1,230円	1,230円	1,588円	1,488円
カストーディアル	1,000円	50円	1,250円	1,250円	1,613円	1,513円
ナース	1,000円	450円	1,650円	1,650円	2,113円	2,013円

出典：東京ディズニーリゾートキャスティングセンター「時給一覧」2017年4月18日アクセス　https://www.castingline.net/disney_recruit/wages/

縮小均衡の社会で働くということ

　少子高齢化、人口減少で社会が縮小すると、需要が減るので供給を減らすしかない。そのため少ないパイを大勢で奪い合うので頑張っている割に成果が出にくい。競争だけどんどん過酷になっていく。これを経済学で縮小均衡（きんこう）という。縮

小均衡とは社会の縮小に伴って需要が減るので供給を減らすことである。一般的に人件費は売上高の 3 割程度と言われている。売上高が増えないならば人件費を増やすことはできない。追い打ちをかけるように、①顧客の要求水準の高まり、②セキュリティ費用増加、③速いペースでの陳腐化など、どの業界でも高コスト体質になる傾向にある。テーマパークは速いペースで陳腐化するので、追加投資によるリニューアルが必要となる。

　日本の縮小均衡が始まったのはバブル崩壊後である。それまでは右肩上がりの成長を遂げてきた。社会の成長とともに需要が拡大することを拡大均衡という。拡大均衡に乗ることができれば多くの人や企業が成功しやすい。頑張れば給料が上がりやすい。この頃の日本は終身雇用、年功序列賃金であった。給料は年齢給と勤続給がメインであった。年齢給とは年と共に給料が上がること、勤続給とは勤続年数と共に給料が上がることである。拡大均衡に乗っていたから可能であった。バブル期までの日本企業は「会社が生活を保証する」という印象を与えたが、誤解である。2017 年現在も大企業と公務員は年齢給と勤続給が健在のようであるが、それでも給与の伸び率は下がっているはずである。地方中小企業では、大卒の新卒時と 30 歳時点の手取り年収がそれほど変わらない人は珍しくない。現役世代の負担増加で、企業が昇給させても手取りは上がりにくい。会社は生活費を保証しない。労働の対価を支払うだけである。

● 　提言①：「会社に食わせてもらう」意識を捨てよう。

　会社に人生を委ねることは危険である。会社に食わせてもらう意識を捨てよう。オリエンタルランド・ユニオンがそうしているように、労働組合などで一致団結し、改善する努力が必要となる。拡大均衡に乗って成長していた時代のように企業が従業員を守り、真面目に働けば生活できる給料を払ってくれた時代は終わった。どの職業でも、サバイバルや波乱があると思っていい。公務員や大手の正社員でも波乱含みだと思い、他社や自営業・フリーランスでも通用する能力をつけておこう。

　第 9 章によると、豊かになってから生まれ育った人は労組に縁が無く、団体交渉などで賃金や労働条件を勝ち取るものという意識が無い。それ以降の世代では、労働者が権利を主張しないのが当たり前になっている。企業に守られた甘い考えの労働者が高度成長期後期からバブル期にかけて誕生した。企業から賃金や良い労働条件を勝ち取るという意識改革が必要である。大人しく従うだけの従業員は企業にとっ

て好都合である。しかしそれは社会の成長に乗って売上高や利益も右肩上がりに成長していた時代の話である。ただし、このような考えを就職活動で言うと採用されないので気をつけよう。心に留めておこう。

労働者はどこかに雇用されたら真面目に働いていればそれなりの収入とまあまあの生活水準を得られるという考えを捨てよう。これはバブル期までの日本企業である。勤勉なだけの人材では生き残れない時代になった。

● **提言②：労働問題と労働法の勉強をして知識を身につけよう。**

筆者の専門は経営学であって、労働経済学や労働社会学ではない。大学院時代にそれらの授業を履修してショックを受け、非常に強い危機感を持つようになった。どのような労働問題があり、どうすると貧困に陥るのか、貧困に陥った人を食い物にして稼ぐ貧困ビジネスとは何か、誰に頼れば助けてもらえるのかなど、法律と現状をしっかり勉強しよう。厚生労働省は「知って役立つ労働法」を公式 HP に載せている[104]。職場での男女差別に関して男女雇用機会均等法、育児や介護のために休みを取りたい場合は育児・介護休業法、短時間労働者の雇用管理改善に関してパートタイム労働法、女性の活躍推進に関して女性活躍推進法、派遣労働者が不当な低賃金や解雇に遭わないように労働者派遣法がある。

労働法は労働者を保護する法律である。労働者として不当な扱いを受け、低賃金で重労働、売上が下がったら解雇など、搾取されない努力が必要である。労働三法（労働基準法・労働組合法・労働関係調整法）だけでなく、各種法律を知っている必要がある。例えば、労働組合に関して労働組合法、失業と職業訓練に関して雇用保険法がある。高齢者の雇用促進のために職業安定法が改正された。個別労働紛争増加によって労働契約法が 2008 年に施行された。労働法は身を守る。法律は知っている人の味方である。

● **提言③：華やかな職業、かっこいい職業への過剰な憧れはやめよう。**

夢を叶えた結果なれる職業や上級職は実は華やかではない。かっこよくもない。例えば、「世界を飛び回るビジネスマン」の行き先はパリとニューヨークだけではない。

---

[104] 厚生労働省「知って役立つ労働法〜働く時に必要な基礎知識〜」2017 年 6 月 10 日アクセス　http://www.mhlw.go.jp/file/06-Seisakujouhou-12600000-Seisakutoukatsukan/0000122726.pdf

発展途上国や新興国の開発途上地域にも行く。筆者は学生時代に英会話教室で五大総合商社の正社員男性（45歳前後の外見）と同じレッスンを受けたことがある。彼は紙パルプ事業部所属で紙パルプ専門である。紙の原料となる木の多いエリアに頻繁に出張するそうだ。行き先はカナダの山奥、ブラジルの奥地、アフリカの奥地となる。特にカナダとブラジルによく行くと言っていた。カナダではトロントやバンクーバー、お洒落なイメージの旧フランス領ケベック州に行くのではない。ブラジルならサンパウロやリオデジャネイロではない。片道約24時間のフライトを経てブラジルに着くと、さっそく商談である。実態は長距離の空の旅の多い過酷な労働である。それでも商社マン、五大総合商社という響きは世界を渡り歩くビジネスマンである。

　他方、筆者の職業は研究者と作家である。研究者と作家はなりたくて、憧れて目指す職業である。これらは特殊な専門職であるにもかかわらず、志望者つまりライバルが多くて驚く。実際は苦労が多い地味な仕事である。作家は売上部数のみで評価される過酷な職業である。ハリウッドでは映画の興行収入のみで評価される。映画界で成功作とは興行収入が多い作品、失敗作とは興行収入が少ない作品である。作家も、いい本とは売上部数が多い本である。内容の良し悪しは関係ない。憧れの職業の現実はシビアである。

　輝くために働こうとするのを捨てよう。輝きは結果である。今50歳代のD氏（第3章）によると、1980年代は終身雇用だったため、自分が働く会社は良い会社と思うしかなかった。アルバイトにもその文化が及んでいたという。今50歳代の人が大学生だった頃は、最初から輝くために働こうとする人はバイトを含めてほぼいなかったのに、今の若年層は最初から輝ける職に就こうとすると指摘する。それで就職前に過剰にその職を美化しているのではないか。就業前にその職業を美化したら、就業後に幻滅の連続となる。かく言う筆者も、作家になってから売上至上主義の現実に打ちのめされている。作家志望者には甘くないという理由で強く止めたい。

● 解雇からの復活劇：ジョン・ラセターとスティーブ・ジョブズ

　有能な人材でも不運が重なると解雇されたり失業したりする。『トイ・ストーリー』や『カーズ』のジョン・ラセター監督（1957年〜）をご存じだろうか。ここ数年、世界一のアニメーターと言えば宮崎駿監督かジョン・ラセター監督と言われている。このラセター監督は解雇から復活を遂げた一人である。

ラセター監督は、ウォルト・ディズニーが設立メンバーの一人である名門カルアーツ（カリフォルニア芸術大学）でアニメーションを学び、念願のディズニー社の映画製作部門に入社した。しかし 26 歳で解雇される。落ち込みながらも CG アニメーションに没頭していると、スティーブ・ジョブズと出会った。

ディズニー社の研究をしていたら突然スティーブ・ジョブズが出てきて驚いた。ジョブズはアップルの創業社長でありながら、アップルを解雇され、CG アニメーションに賭けていた。もう一人 CG アニメーションの先駆者エド・キャットムルとラセターの三人でピクサーを立ち上げ、1995 年に『トイ・ストーリー』を大ヒットさせた。その後もピクサーはヒットアニメを連発させた。そして 2006 年にディズニー社はピクサーを 74 億ドル（約 7,400 億円）で買収した。ラセター監督はディズニー社の映画製作部門の総責任者に抜擢された。

つまり、ラセターは憧れのディズニー社のアニメ製作部門に大卒で入社するが、26 歳で解雇され、ピクサーで CG アニメーションに励んでいたら、49 歳の時にピクサーがディズニー社に買収されたのでディズニー社に復活したのである。

スティーブ・ジョブズもアップルを解雇されたけれど、ピクサーで CG アニメーションにかけていた。ピクサーでヒット作を出し、アップルに復帰し、MacBook（パソコン）、iPod、iPad、iPhone など世界中の人々の生活様式を変えるヒット製品を連発した。

ラセター監督とジョブズは極端な才能の持ち主なので、一般人には当てはまらない。しかし解雇されてもあきらめずにその能力を生かせる関連分野で頑張っていれば復活できることがある。解雇後、何らかの形で頑張っていなければ復活は無い。

このような事例があるため、ハリウッドが本当に売っているのは夢と憧れなのである。ハリウッドの象徴的な人物であっても、冷や飯を食わされることは多い。ラセター監督やジョブズでも冷や飯を食わされた期間があったと知らない人が多いだろう。それでは彼らのような成功者を羨むだけになる。

ディズニーの光と影

本書では、ウォルト・ディズニーがバックステージと呼び、現在も世界中のディズニーランドでそう呼ばせている舞台裏の影を明らかにした。どの職業も舞台裏は苦労の連続で、苦しいことが多いだろう。従業員によるブラック性の暴露に、今頃ウォルトは草葉の陰で怒っているだろう。ウォルト自身はヘビースモーカーでブランデ

一好きなど、子供とその母親を主要顧客にする企業のトップとは思えない嗜好であった。それらを隠してクリーンに見せていた。テレビに積極的に出ていたウォルトは写真や映像がたくさん残っているが、喫煙シーンはほとんど残っていない。現在の日本ではグループアイドルの舞台裏を見せ、苦労しながら上に昇る姿が感動を呼び、ファンがつくようである。しかしウォルトは舞台裏を見せない主義であった。

日本では「ディズニー＝ディズニーランド＝テーマパーク」であるが、アメリカでは「ディズニー＝映画製作会社＝ハリウッド」である。ハリウッドは夢と憧れを売って資金調達する。憧れてもらわなければ商売にならない。夢と憧れの一因は高額報酬とそれを続けた結果の資産である。

ディズニー社の会長兼 CEO を 21 年間勤めたアイズナー氏の年収は毎年約 50 億円だったと噂されている。アイズナー氏の後継者で現会長兼 CEO のロバート・アイガー氏の年俸はストックオプションやボーナスなど全て込みで約 40 億円である。

ロバート・アイガー会長兼 CEO の給与は、2010 年に 200 万ドル（約 2 億円）、2011 年に 200 万ドル、2012 年に 250 万ドル（約 2.5 億円）である。それ以外に、2012 年の株式報奨は 953 万 2,500 ドル（約 10 億円）、オプション報奨 775 万 8 ドル（約 8 億円）、非持株インセンティブ・プラン報酬 1,652 万ドル（約 17 億円）、年金価値及び税制非適格繰延べ報酬所得の変化 312 万 4,640 ドル（約 3.2 億円）、その他全ての報酬 80 万 700 ドル（約 8,000 万円）である。総額 4,022 万 7,848 ドル（約 40 億円）である[105]。ただしこれは手取りではない。ここから税金等を引かれる。手取り額は公表されていない。

ディズニー社の会長兼 CEO の年収は業績によって変動するが、それほど業績が悪くなければ 40 億円程度と推測できる。アイズナー時代の高業績の年は、アイズナー氏の年収はもっと多かったはずである。アイズナー氏は大学卒業後、テレビ局のアシスタントになり、テレビ番組プロデューサー、映画プロデューサーとしてヒット作を飛ばし、敏腕経営者としてディズニー社にスカウトされた。生まれながらに用意されたエリート街道を歩んだ人生ではない。努力と工夫と才能で底辺（アシスタント）から頂点に上り詰めた。アシスタントのうちに諦めて辞めれば、ハリウッドで奴隷働きさせられただけの辛い思い出となるだろう。

---

[105] ザ・ウォルト・ディズニー・カンパニー有価証券報告書（平成 23 年 10 月 2 日－平成 24 年 9 月 29 日）110-111 頁

ディズニー社の直接的な役員や従業員ではないが、米フォーブスの「アメリカのトップ 400 人の大富豪」（The 400 Richest Americans）の 2016 年版に乗っているハリウッド関係者はジョージ・ルーカス監督とスティーブン・スピルバーグ監督である。ルーカス監督はアメリカの大富豪ランキングで第 120 位、純資産 46 億ドル（約 4,600 億円）、スピルバーグ監督は第 156 位、純資産 37 億ドル（約 3,700 億円）である。直接のハリウッド関係者ではないが、故スティーブ・ジョブズの妻ローレン・パウウェル・ジョブズは同ランキング第 23 位、純資産 177 億ドル（約 1 兆 7,700 億円）である。ジョブズの妻は夫の死後財産を相続し、アップルの大株主でディズニー社の個人筆頭株主である[106]。ディズニー社が儲かるほど、故ジョブズの妻は株の配当金で儲かる。ただしディズニー社が業績不振ならば配当金は減少するし、株価が下がれば含み損が出て、売りに出すと損をする。とはいえ、ディズニー社の個人筆頭株主になるほど高額投資できるのは軍資金が多いからである。

　一方、日本の TDR のキャストは時給 1,000 円で、普通に働けば 10 円、頑張って働けば 20 円昇給するという権利をオリエンタルランド・ユニオンが団体交渉で勝ち取った。下々の者は 10 円、20 円の昇給をかけて闘っている。普通のアルバイトは時給アップの要求すらする手段を持たない。

● **ディズニー家はセレブ**
　最後に、ディズニーの光の部分で締めたい。
　アメリカンドリームをつかんだウォルト・ディズニーは子供や孫の代も大富豪でビリオネア、いわゆるセレブである。ウォルトは兄ロイ・オリヴァー・ディズニーと共同で経営していた。弟ウォルトが芸術的でクリエイティブな業務を、兄ロイが法務、財務、経理、営業など企業経営を担当した。ウォルトは息子がいなかったため、兄ロイの息子ロイ・エドワード・ディズニー（Roy Edward Disney : 1930-2009 年）が跡を継いで長期間ディズニー社のトップマネジメントを務めた。ディズニー社の大株主でもあった。ロイ・エドワード・ディズニーは上記フォーブスの「アメリカのトップ 400 人の大富豪」の 2009 年版に 76 歳で、第 322 位、純資産 12 億ドル（約

---

[106] Forbes400: The Full List Of The Richest People In America 2016, 2017 年 4 月 19 日アクセス　https://www.forbes.com/sites/chasewithorn/2016/10/04/forbes-400-the-full-list-of-the-richest-people-in-america-2016/#df4e80022f4b

1,200 億円）、職業「Walt Disney[107]」と載っている。純資産 12 億ドルとは 1.2 ビリオンドルである。資産が 1 ビリオンを超えたらビリオネアである。ロイ・エドワード・ディズニーの死後、2016 年版のアメリカの大富豪上位 400 人に、ディズニー家は誰も掲載されていない。401 位以降なのだろう。

　ディズニー社の業績が上がるほど、大株主であるディズニー家が配当金で儲かる仕組みである。オリエンタルランドはディズニー社へ毎年巨額のロイヤルティ（著作権使用料）を支払っている。ロイヤルティは売上高の 10%、グッズ販売の 5%である。毎年 200 億円以上のロイヤルティを支払っている。創業者一族が多くの株式を所有する場合、配当金で巨額の収入を得られる。ただしその時の業績で配当金も株価も大きく変動する。日本の一般消費者が TDR でお金を使うと、結果的にアメリカのディズニー家やジョブズ家が儲かる。これが資本主義と株式会社の仕組みである。

---

[107]　「Walt Disney」とはこの場合、ウォルト・ディズニー・カンパニー（The Walt Disney Company、通称 Walt Disney）である。

著者紹介

中島　恵（なかじま　めぐみ）

東京経営短期大学　総合経営学部　専門講師

学位：修士（経営学）
専門：経営学、経営戦略論、テーマパーク経営論、レジャー産業論
略歴：
明治大学大学院経営学研究科博士前期課程修了
明治大学大学院経営学研究科博士後期課程単位取得満期退学
明治大学経営学部専任助手
星稜女子短期大学（現・金沢星稜大学）経営実務科専任講師
大阪観光大学観光学部専任講師を経て現職

主要業績：
中島　恵（2011）『テーマパーク産業論』三恵社
中島　恵（2012）『テーマパーク産業の形成と発展　―企業のテーマパーク事業多角化の経営学的研究―』三恵社
中島　恵（2013）『テーマパークの施設経営』三恵社
中島　恵（2013）『テーマパーク経営論　―映画会社の多角化編―』三恵社
中島　恵（2013）『東京ディズニーリゾートの経営戦略』三恵社
中島　恵（2014）『ディズニーランドの国際展開戦略』三恵社
中島　恵（2014）『ユニバーサル・スタジオの国際展開戦略』三恵社
中島　恵（2016）『観光ビジネス』三恵社
ブログ：テーマパーク経営研究室　中島　恵ゼミナール
　　　　http://ameblo.jp/nakajima-themepark-labo

ディズニーの労働問題　―「夢と魔法の王国」の光と影―

2017年9月25日　　初版発行

著　者　　中　島　　恵
Nakajima, Megumi

定価(本体価格1,800円+税)

発行所　　株　式　会　社　　三　恵　社
〒462-0056 愛知県名古屋市北区中丸町2-24-1
TEL 052 (915) 5211
FAX 052 (915) 5019
URL http://www.sankeisha.com

乱丁・落丁の場合はお取替えいたします。　　　　　　　©2017 Megumi Nakajima
ISBN978-4-86487-696-4 C3036 ¥1800E